辽宁省绿色经济发展的
绩效评估与推进机制研究

A Research on the Performance Evaluation and Promoting Mechanism of
Green Economy Development in Liaoning Province

王佳佳 著

中国金融出版社

责任编辑：童祎薇
责任校对：潘　洁
责任印制：丁淮宾

图书在版编目（CIP）数据

辽宁省绿色经济发展的绩效评估与推进机制研究/王佳佳著 . —北京：中国金融出版社，2020. 12
ISBN 978 - 7 - 5220 - 0609 - 3

Ⅰ. ①辽…　Ⅱ. ①王…　Ⅲ. ①绿色经济—区域经济发展—研究—辽宁　Ⅳ. ①F127. 31

中国版本图书馆 CIP 数据核字（2020）第 072390 号

辽宁省绿色经济发展的绩效评估与推进机制研究
LIAONING SHENG LÜSE JINGJI FAZHAN DE JIXIAO PINGGU YU TUIJIN
JIZHI YANJIU

出版
发行　**中国金融出版社**

社址　北京市丰台区益泽路 2 号
市场开发部　（010）66024766，63805472，63439533（传真）
网上书店　http://www. chinafph. com
　　　　　　（010）66024766，63372837（传真）
读者服务部　（010）66070833，62568380
邮编　100071
经销　新华书店
印刷　保利达印务有限公司
尺寸　169 毫米 ×239 毫米
印张　7.5
字数　102 千
版次　2020 年 12 月第 1 版
印次　2020 年 12 月第 1 次印刷
定价　35. 00 元
ISBN 978 - 7 - 5220 - 0609 - 3
如出现印装错误本社负责调换　联系电话（010）63263947

本著作在 2017 年辽宁省社会科学规划基金重点项目——供给侧结构性改革下辽宁省绿色经济发展的绩效评估与推进机制研究（L17AJL006）的研究成果基础上补充和修改而成

序

　　生态文明建设是关系中华民族永续发展的千年大计，党中央将生态文明建设上升为国家战略，把打赢污染防治列为三大攻坚战之一，标志着我国已全面吹响建设美丽中国的号角，绿色发展已成为我国未来经济发展的主要趋势和抢占全球经济发展制高点的关键。

　　历史发展的实践充分证明：生态文明建设是一场涉及生产方式、生活方式、思维方式和价值观念的革命性变革，只有不断创新绿色治理方式，践行绿色发展理念，协同推进经济发展和生态环境保护，将绿色发展理念不断融入新型工业化、信息化、城镇化、农业现代化的各个方面，坚持走绿色、低碳和可持续发展道路，才能实现更高质量的经济发展。

　　目前，我国供给侧结构性改革已经步入深水区，并将继续发挥其在经济工作中的主线功能。通过供给侧结构性改革，加大经济能源、文化科技、制度体系的绿色供给，满足人们的物质文化和生态环境需要，是推进生态文明制度建设的重要保障。在此基础上，将"区域绿色发展"与"生态文明建设"有机结合，不仅是认真践行习近平总书记"绿水青山就是金山银山"理念的重要载体，更是探索地方经济高质量发展的重要路径。正是基于这样的背景，王佳佳撰写了这部著作，深入研究了辽宁省绿色经济发展的绩效评估和推进机制，为正处于老工业基地新一轮全面振兴关键历史机遇期的辽宁省更好地通过供给侧结构性改革提振绿色环保产业，以绿色转型培育新的经济增长点，健全区域城市群的绿色发展联动机制，进而全面推进生态文明建设和促进经济可持续发展，从独特的多元化视角提出

1

了相应的建议。

　　王佳佳先后在对外经济贸易大学完成了硕士研究生和博士研究生的学习，并赴美国福特海斯州立大学访问进修，具备坚实的理论基础和较高的学术造诣。她的著作《辽宁省绿色经济发展的绩效评估与推进机制研究》是一本较高水平的经济学著作，涉及绿色经济发展的诸多方面，特别是运用多种方法对省域绿色经济发展绩效进行动态综合评估，在一定程度上填补了我国在这方面研究的空白。

　　相对于国内外其他的同类研究，本书采用理论研究和实证研究相结合的方法，并在理论研究和实证研究这两个方面均有所创新。在理论研究方面，本书综合运用生态经济学、发展经济学、循环经济学和新制度经济学等相关学科理论，在系统分析辽宁省绿色经济发展推进机制的基础上，结合辽宁省经济社会发展的现状，通过汇总高频指标和借鉴国际权威机构指标的方法，科学地构建辽宁省绿色经济发展绩效评价指标体系。在实证研究方面，本书在利用动态因子分析法对省内 14 座城市绿色经济发展状况进行绩效评估的基础上，基于投入产出的视角，运用多 DEA – Gini 准则模型分别从全省、区域和城市的视角对辽宁省绿色经济发展的绩效水平进行综合评估分析，不仅有效解决了不同模型得到不同绩效评价结果不易比较分析的难题，还从不同地域视角反映辽宁省绿色经济发展绩效水平的总体变化，为省内各区域和城市精准定位自身优势、推进产业绿色转型、促进区域经济可持续发展以及积极提升绿色经济发展绩效等方面提供科学的参考依据，并对全国其他省份坚持走绿色发展之路提供了一定的经验与借鉴，具有一定的学术价值和实践意义。因此，我非常高兴地将它推荐给在这一领域进行学习和研究的广大读者，并为之作序。

2020 年 7 月 20 日

摘　　要

　　后金融危机时代，联合国环境署提出的"绿色新政"理念得到世界各国的广泛关注，在联合国可持续发展大会里约峰会上，"绿色经济"的概念更是被确立为未来世界经济发展的主要趋势。为此，各国纷纷通过构建国家绿色经济发展战略，将发展绿色经济作为未来抢占全球经济发展制高点的重要支点。

　　随着我国经济步入以增速总体放缓和产业结构转型为特征的新常态，我国将供给侧结构性改革作为实现绿色经济发展的重要途径，逐步落实与绿色经济发展直接相关的去产能、降成本和补短板等任务，提升供给的质量和效率。因此，随着供给侧结构性改革的不断推进，绿色经济发展必然成为我国经济转型期内推动经济提质增效升级的新引擎，实现经济、环境和社会的共赢发展。

　　辽宁省作为振兴东北老工业基地的主要力量和东北地区最早设立自贸区的省份，自党的十八大明确提出发展以绿色经济为核心的生态文明建设，加快建设资源节约型和环境友好型社会以来，通过供给侧结构性改革加大经济能源、文化科技、制度体系的绿色供给，积极推进产业绿色转型、扩大绿色就业、发展绿色金融、打造绿色合作平台，有效促进了绿色经济的发展。然而绿色经济发展作为一个复杂的系统工程，需要兼顾经济社会发展、生态环境质量、科技创新驱动和引导扶持政策等诸多因素。这将会使辽宁省在推进发展绿色经济的进程中面临诸如绿色扶持政策不够精准完善、绿色创新动能缺乏、绿色消费意识薄弱、绿色环保投入力度有限等诸多困难的挑战。因此，对于正处于老工业基地新一轮全面振兴关键历史机遇期的辽宁省来说，如何以供给侧结构性改革为契机，通过构建辽宁省绿色经济发展的绩效评估体系，深入系统地分析辽宁省在发展绿色经济过程中面临的机遇和挑战，从而指出提升辽宁省绿色经济竞争力的方向与着力点，是辽宁省推进生态文明建设和促进经济可持续发展亟须解决的重大问题。

在此背景下，本书对供给侧结构性改革下辽宁省绿色经济发展的绩效评估与推进机制进行研究。全书共八章，第一章为绪论，第八章为结论与展望，其余部分为正文。

第一章为绪论。通过当前国内外经济环境的介绍，说明在供给侧结构性改革的大背景下，辽宁省发展绿色经济的重要性，国内外学者对绿色经济的研究现状综述与评价，以及本书的研究内容、研究方法和创新之处等。

第二章为绿色经济的相关理论。通过对绿色经济的内涵、特征和绿色经济发展的推进机制的介绍，为后续研究打下理论基础。

第三章为发达国家和国内主要省份绿色经济发展的经验与借鉴。通过对美国、日本、德国等发达国家和浙江、福建、海南等我国主要省份绿色经济发展的相关政策和实践经验进行综述分析，得出全面推进辽宁省绿色经济发展的相关启示。

第四章为辽宁省绿色经济发展的现状分析。通过对城镇人均可支配收入、城镇化率、人均公园绿地面积和工业固体废物综合利用率等指标进行对比，说明省内各城市绿色经济的发展是不均衡的。

第五章为辽宁省绿色经济发展绩效水平的动态因子分析评估。从经济增长、社会发展、环境资源和政策支持四个方面，综合构建辽宁省绿色经济发展绩效评价指标体系，利用动态因子分析法对省内14座城市绿色经济的发展状况进行绩效排名，并对横向和纵向的比较分析结果进行解释。

第六章为辽宁省绿色经济发展绩效的多 DEA – Gini 准则模型评估。在动态因子分析法指标体系的基础上，建立多 DEA – Gini 准则模型的指标体系，基于投入和产出的视角，运用多 DEA – Gini 准则模型分别从全省、区域和城市的视角对辽宁省绿色经济发展的绩效水平进行综合评估分析，以进一步验证动态因子分析法的相关结论，并从不同地域视角反映辽宁省绿色经济发展绩效水平的总体变化。

第七章为积极提升辽宁省绿色经济发展绩效的政策建议。根据各城市和区域绿色经济发展的绩效评估排名，以及发达国家和国内主要省份绿色经济发展的相关政策和实践经验，分别从经济增长、社会发展、环境资源和政策支持四个方面找出各城市和区域之间的发展差距，并据此有针对性地提出积极提升辽宁省绿色经济发展绩效的政策建议。

第八章为结论与展望。对全书进行概括性的总结，并对未来的研究方向进行展望，提出有待进一步研究的问题。

相对于国内外其他的同类研究，本书的创新之处主要体现在理论研究和实证研究这两个方面。在理论研究方面，本书在建立辽宁省绿色经济发展绩效评价指标体系的过程中，通过汇总高频指标和借鉴国际权威机构指标的方法，结合辽宁省经济社会发展的现状，综合构建辽宁省绿色经济发展绩效评价指标体系。在实证研究方面，为了有效解决不同模型得到的不同绩效评价结果不易比较分析的难题，本书在利用动态因子分析法从经济增长、社会发展、环境资源和政策支持四个方面对省内 14 座城市绿色经济发展状况进行绩效评估的基础上，基于投入产出视角，运用多 DEA – Gini 准则模型分别从全省、区域和城市的视角对辽宁省绿色经济发展的绩效水平进行综合评估分析，进一步验证了动态因子分析法的相关结论，并从不同地域视角反映辽宁省绿色经济发展绩效水平的总体变化，为省内各区域和城市精准定位自身优势、找准自身差距，以及积极提升绿色经济发展绩效提供了有效依据，具有一定的学术价值和实践意义。

关键词：绿色经济；绩效评估；推进机制；辽宁省；动态因子分析；多 DEA – Gini 准则模型

Abstract

In the post financial crisis era, the concept of "Green New Deal" put forward by the United Nations Environment Programme has been widely concerned by all the countries in the world. The concept of "Green Economy" has been established as the main trend of world economy development in the future at the Rio Summit of the United Nations Conference on sustainable development. Therefore, many countries in the world have taken the development of green economy as an important fulcrum to seize the commanding heights of global economy development in the future by constructing the strategies of national green economy development.

As China's economy has entered a new normal characterized by overall slowdown in growth and industrial restructuring, supply-side structural reform has been taken as an important way to realize green economy development. China has implemented tasks directly related to the development of green economy gradually, such as cutting overcapacity, lowering costs and strengthening areas of weakness, so as to improve the quality and efficiency of supply. Therefore, with the continuous promotion of supply-side structural reform, the development of green economy is bound to become a new engine to promote the upgrading of economic quality and efficiency in the period of economic transformation so as to realize win-win development of economy, environment and society.

Since the development of ecological civilization construction with the green economy as the core and the acceleration of constructing a resource-saving and environment-friendly society have been proposed at the 18th National Congress of the Communist Party of China, Liaoning Province, as the main force of revitalizing the old industrial base and the province which has first founded the Free Trade Zone in the Northeast China, has increased the green supply of economic energy, cultural technology, and institutional systems, and has actively promoted the green transformation of industry, the expansion of green employment, the development of green finance and the creation of green cooperation platform by the supply-side structural reform, which has effectively promoted the development of green economy. However, as complex system engineering, the development of green economy needs to take into account many factors, such as the economic and social development, the quality of ecological environment, the driving force of technological innovation and the supporting policies, etc., which would make Liaoning Province face many difficult challenges in the process of promoting the development of green economy, including the inaccurate and imperfect green support policies, the lack of green innovation momentum, the weak awareness of green consumption, and the limited investment in green environmental protection, etc. Therefore, for Liaoning Province, which is in a new round of key historical opportunity period of overall revitalization of old industrial base, how to take supply-side structural reform as an opportunity and insightfully analyze the opportunities and challenges of Liaoning Province in the process of developing green economy to point out the direction and focus of improving the competitiveness of green economy in Liaoning Province by constructing the performance evaluation system of green economy development in Liaoning Province are major problems that need to be solved to promote the construction of ecological civilization and the sustainable development of economy in Liaoning Province.

In this context, this book researches the performance evaluation and promoting mechanism of green economy development in Liaoning Province based on the supply-side structural reform. It consists of 8 chapters. Chapter 1 is the introduction, chapter 8 is the conclusion and prospects, and the rest chapters are the main body.

Chapter 1 is the introduction. Through the introduction of the current domestic and international economic environment, this chapter explains the importance of developing green economy in Liaoning Province under the background of supply-side structural reform, the review and evaluation of the research status of green economy by the domestic and foreign scholars, as well as the research content, research methods and innovations of this book.

Chapter 2 is the relevant theory of green economy. This chapter lays a theoretical foundation for the further research by the introduction of the connotation and characteristics of green economy and the promotion mechanism of green economy development.

Chapter 3 is the experience and reference of green economy development in developed countries and major provinces in China. This chapter draws the relevant enlightenment of comprehensively promoting green economy development in Liaoning Province by summarizing and analyzing the relevant policies and practical experience of green economy development in developed countries such as the United States, Japan, Germany, and major provinces in China such as Zhejiang, Fujian and Hainan.

Chapter 4 is the current situation analysis of green economy development in Liaoning Province. This chapter illustrates that the development of green economy in cities is unbalanced in Liaoning Province by the comparison of some indicators of the province and cities, such as the urban per capita disposable income, the urbanization rate, per capita park green area, the comprehensive utilization rate of industrial solid waste and so on.

Chapter 5 is the evaluation of the performance level of green economy development in Liaoning Province in the method of dynamic factor analysis. This chapter constructs the performance evaluation index system of green economy development in Liaoning Province comprehensively in the four aspects of economic growth, social development, environmental resources and policy support. Furthermore, the performance of green economy development of 14 cities in Liaoning province is ranked by dynamic factor analysis, and the results of horizontal and vertical comparative analysis are explained in this chapter.

Chapter 6 is the evaluation of performance level of green economy development in Liaoning Province with the multiple DEA-Gini criterion model. Based on the index system of dynamic factor analysis, this chapter evaluates and analyzes the performance level of green economy development in Liaoning Province in the angle of input and output with the multiple DEA-Gini criterion model from the perspective of province, region and city respectively so as to further verify the conclusion of dynamic factor analysis and reflect the overall change of performance level of green economy development in Liaoning Province from the perspective of different regions.

Chapter 7 is the policy suggestions to improve the performance of green economy development in Liaoning Province. According to the performance evaluation ranking of green economy development of each city and region, and relevant policies and practical experience of green economy development in developed countries and major provinces in China, this chapter finds out the development gaps between cities and regions in the four aspects of economic growth, social development, environmental resources and policy support respectively; based on this, this chapter puts forward some targeted policy suggestions to improve the performance of green economy development in Liaoning Province.

Chapter 8 is the conclusion and prospect. This chapter makes a general summary of the book, looks forward to the future research direction, and puts forward the problems to be further studied.

Compared with the several similar domestic and foreign researches, the main innovation of this book lies in two aspects: the theoretical research and the empirical research. In the aspect of theoretical research, in the process of establishing the performance evaluation index system of green economy development in Liaoning Province, this book comprehensively constructs the performance evaluation index system of green economy development in Liaoning Province by summarizing high-frequency indicators and referring to the indicators of international authoritative institutions, combined with the current situation of economic and society development in Liaoning Province. In the aspect of empirical research, in order to effectively solve the problem that different performance evaluation results obtained by different models are difficult to compare and analyze, this book evaluates and analyzes the performance level of green economy development in Liaoning Province in the angle of input and output with the multiple DEA-Gini criterion model from the perspective of province, region and city respectively, based on the evaluation of the performance of green economy development in 14 cities in the Liaoning Province in the four aspects of economic growth, social development, environmental resources and policy support by the method of dynamic factor analysis, and further verifies the conclusion of dynamic factor analysis, and reflects the overall change of performance level of green economy development in Liaoning Province from the perspective of different regions. Therefore, this book has certain academic values and practical significance by providing the effective basis for each region and city in Liaoning province to locate their own advantages accurately, find their own gaps pertinently and improve the performance of green economy development actively.

Keywords: Green Economy; Performance Evaluation; Promoting Mechanism; Liaoning Province; Dynamic Factor Analysis; Multiple DEA-Gini Criterion Model

目　　录

第一章 绪 论

第一节 研究背景和意义

一、研究背景

后金融危机时代，为了应对经济复苏乏力、资源能源短缺和生态环境压力加大等挑战，联合国环境署提出的"绿色新政"理念得到了世界各国的广泛关注，在联合国可持续发展大会里约峰会上，"绿色经济"的概念更是被确立为未来世界经济发展的主要趋势。为此，各国纷纷将绿色经济发展作为提升国家综合实力的有力引擎，将绿色经济理念引入国家战略规划，通过构建国家绿色经济发展战略，将发展绿色经济作为未来抢占全球经济发展制高点的重要支点。

作为全球最大的发展中国家和第二大经济体，多年来我国经济的粗放型增长模式在带来经济高速增长的同时，由此引发的生态环境问题已经使经济的进一步发展面临严峻的环境资源制约。在世界绿色经济发展的新趋势下，绿色经济是我国建设资源节约型和环境友好型社会，实现经济与生态协调发展的必然选择。与此同时，随着我国经济步入以增速总体放缓和产业结构转型为特征的新常态，我国提出了以去产能、去库存、去杠杆、降成本、补短板的五大供给侧结构性改革任务与创新、协调、绿色、开放、共享的五大发展理念相互呼应，将供给侧结构性改革作为实现绿色经济发展的重要途径，逐步落实与绿色经济发展直接相关的去产能、降成本和补短板等任务，提升供给的质量和效率。因此，随着供给侧结构性改革的不断推进，绿色经济发展必然成为我国经济转型期内推动经济提质增效升级的新引擎，通过供给侧结构性改革能够有效推动经济的绿色转型，促进我国生态环境质量总体改善，实现经济、环境和社会的共赢发展。

辽宁省作为振兴东北老工业基地的主要力量和东北地区最早设立自贸区的省份，自党的十八大明确提出发展以绿色经济为核心的生态文明建设，加快建设资源节约型和环境友好型社会以来，通过供给侧结构性改革加大经济能源、文化科技、制度体系的绿色供给，积极推进产业绿色转型、扩大绿色就业、发展绿色金融、打造绿色合作平台，有效促进了绿色经济的发展。然而绿色经济发展作为一个复杂的系统工程，需要兼顾经济社会发展、生态环境质量、科技创新驱动和引导扶持政策等诸多因素。这将会使辽宁省在推进发展绿色经济的进程中面临诸如绿色扶持政策不够精准完善、绿色创新动能缺乏、绿色消费意识薄弱、绿色环保投入力度有限等诸多困难的挑战。因此，对于正处于老工业基地新一轮全面振兴关键历史机遇期的辽宁省来说，如何通过供给侧结构性改革提振绿色环保产业，以绿色转型培育新的经济增长点，健全区域城市群的绿色发展联动机制，是辽宁省推进生态文明建设和促进经济可持续发展亟须解决的重大问题。

二、研究意义

在此背景下，以辽宁省积极推进供给侧结构性改革为契机，通过构建辽宁省绿色经济发展的绩效评估体系，深入系统地分析辽宁省在发展绿色经济过程中面临的机遇和挑战，从而指出提升辽宁省绿色经济竞争力的方向与着力点，对于构建绿色生态经济体系，加快辽宁经济体制和机制创新以及建设美丽辽宁具有重要而深远的理论意义和现实意义。

具体来看，在理论意义层面，在分析发展绿色经济对供给侧结构性改革重要性的基础上，研究辽宁省绿色经济的发展路径，并结合辽宁省经济发展的实际情况构建绿色经济发展绩效评价指标体系，采用动态因子分析和多 DEA - Gini 准则模型对辽宁省绿色经济发展绩效水平进行动态综合评估，不仅能够在一定程度上丰富绿色经济发展的体制机制研究，还能为辽宁省制定绿色经济的发展战略和建设美丽辽宁提供重要的理论依据。在现实意义层面，在供给侧结构性改革的大背景下，分别从经济增长、社会发展、环境资源和政策支持四个方面以及投入产出的视角，对辽宁省绿色经济发展绩效进行动态综合评估，可以相对精准地定位制约辽宁省绿色经济发展的主要因素，并据此有针对性地弥补绿色经济发展过程中的各项短板，进而为地方政府和相关部门在完善机制体制建设、推进产业绿色转型和促进区域经济可持续发展等方面提供科学的参考依据，并对全国其他省市促进绿色经济的发展提供一定的经验与借鉴。

第二节　国内外研究现状综述与评价

一、国外学者对绿色经济的研究

国外学者对绿色经济的研究起步较早，从内涵界定、量化评估和相关产业等方面对绿色经济开展研究。在内涵界定方面，英国环境经济学家 Pearce（1989）在其著作《绿色经济蓝图》中首次正式提出绿色经济一词，并将其定义为：在实现工业化和城镇化过程中建立一种将资源消耗和环境损害行为所造成的代价纳入国家经济平衡表中的一种可承受的经济发展模式。随着国际金融危机的爆发，各国纷纷将绿色经济理念引入国家战略规划，联合国环境规划署（UNEP，2008）在《绿色就业》报告中，将绿色经济定义为：能够为人类带来较高福利待遇和舒适工作环境的重视人与自然和谐相处的经济发展模式。随着人们对绿色发展理念的逐步认同，联合国环境规划署（UNEP，2011）在《迈向绿色经济》报告中，将绿色经济定义为：能够在有效降低生态稀缺性和防控环境风险的同时，显著推进社会公平正义和增进人类福祉的经济发展模式。这一定义在强调生态、社会和经济协同可持续发展的同时，还充分兼顾了社会公平及人类发展，是目前被最为广泛接受的关于绿色经济内涵的解释。

在量化评估方面，Bridget（2008）从绿色新政、研发创新、能源利用和低碳发展四个方面构建绿色创新体系来有效衡量美国加州绿色经济发展的总体状况及未来发展趋势。美国著名咨询公司 Dual Citizen（2010）从绿色领导力、国内政策、清洁技术投资及绿色旅游四个方面构建全球绿色经济指数对世界 27 个主要经济体在绿色经济发展领域的表现进行评估。Sukhdev（2011）利用自回归分布滞后模型分析了欧盟国家在渔业、交通和水资源三个涉及绿色经济部门的发展现状及其未来发展方向。Gouvea、Kassicieh 和 Montoya（2013）对部分资源密集型国家的绿色投资和绿色科技在扩大产业集群和要素禀赋优势等方面对绿色经济发展产生的影响进行实证分析。Salim 和 Shafiei（2014）在 STIRPAT 模型框架下，利用半参数面板数据模型对 OECD 国家在推进城市化进程中碳排放和绿色经济发展之间的关系进行实证分析。

在相关产业方面，Kahn（2006）、Register（2006）和 Brett（2011）等从绿色城市的视角进行研究，认为可以通过降低碳排放量、普及节能技术和提倡绿色消费等方式来建设绿色城市，进而促进绿色经济发展。Getter（2006）和 Alexandri（2008）等从绿色建筑的视角进行研究，认为可以通过改善热环境、利用雨水和治理大气污染等方式推广绿色建筑，进而促进绿色经济发展。Hatzopoulou（2008）、Amekudzi（2009）和 Ghosh（2011）等从绿色交通的视角进行研究，认为可以通过交通政策有效整合、推广新能源汽车和发展智能交通系统等方式来构建绿色交通体系，进而促进绿色经济发展。

二、国内学者对绿色经济的研究

国内学者对绿色经济研究的起步略晚于国外学者，早期研究侧重于定性分析，并将其与可持续发展联系起来。曲格平（1992）在其著作《中国的环境与发展》中首次提出绿色经济的概念，并将其定义为：在一定的资源承载能力和生态环境容量的情况下，通过集约利用自然资源和加强生态环境保护，实现自然生态环境持续改善和人类生活质量持续提高的一种经济可持续发展形态。廖福霖（2001）、崔如波（2002）和张春霞（2002）等认为绿色经济是建立在生态环境良性循环基础之上的经济稳步持续向前的动态发展模式。成思危（2010）、张小刚（2011）和解振华（2012）等认为绿色经济是兼顾自然资源集约利用、生态环境良性循环和经济社会平稳发展的一种新兴经济发展形态。王金南（2009）和杨志（2010）等认为绿色经济是以环境和经济的协同发展为目的经济发展形式，能够将有益于环境的技术转化为社会生产力，实现经济的长期稳定增长。朱婧（2012）和胡鞍钢（2012）等认为绿色经济是以经济、社会、环境和资源的协调发展为目标，协调资源循环利用与社会经济可持续发展的多重发展模式。

近些年来，国内学者对绿色经济的定量分析随着计量经济学在国内的兴起而逐渐增多。北京师范大学科学发展观与经济可持续发展研究基地等科研机构（2010）从经济增长绿化度、资源环境承载力和政府支持度三个方面构建我国绿色经济发展指数并据此对我国各省绿色经济发展状况进行比较和排名。薛珑（2012）采用层次分析法从资源集约利用、科技驱动创新、生态产城融合和产业扶持力度四个方面构建绿色经济发展综合测度体系，并据此对济南市绿色经济发展状况进行综合评分。李斌（2013）利用德尔菲法和层次分析法从绿色工业、绿色交通、绿色建筑和绿色投资四个方面对我国绿色经济发展现状进行评价，并从控制指标层面确定了我国绿色经济发展的主要工作任务。王雅伦（2014）基于投入和产出的视角，运用数据包络分析中的方向性距离函数对我国资源型城市绿色经济效率进行测算，并利用 Tobit 模型分析影响资源型城市绿色经济发展的主要因素，在此基础上提出推进我国资源型城市绿色经济发展的政策建议。环境保护部环境与经济政策研究中心和世界自然基金会（2015）借鉴联合国环境署指标工具方法，在农业现代化发展、工业绿色转型、能源消费总量、生态环境修复、绿色金融支持和绿色消费创新等方面联合构建中国绿色发展指标体系，并据此对我国绿色经济发展现状进行综合实证评估，为各级政府决策者和相关研究人员提供参考。韩国莹、李战江和刘秀梅（2017）依据绿色经济发展内涵及影响因素，从经济综合发展和资源环境承载力两个方面，通过对指标客观数据进行 R 聚类与因子分析，定量筛选指标，构建绿色经济发展评价指标体系，在此基础上，结合内蒙古的数据进行实证分析，结果表明该评价指标体系涵盖了 90% 以上的海选指标信息。韩磊（2017）运用熵值法和因子分析法从经济转型实现度、资源利用绿色度和民生福祉实现度三个层次设计湖南省绿色经济发展指标体系，准确定位制约湖南省绿色经济发展的主要因素，并据此提出提升湖南省绿色经济发展水平的政策建议。

三、相关文献的评述

综合以上文献我们可以发现：国外学者对绿色经济的研究起步较早，范围较广，从低碳经济、绿色政策、绿色城市、绿色建筑和绿色交通等不同领域对绿色经济发展进行研究，得出了具有一定借鉴意义的相关结论和研究成果，为各国制定发展绿色经济的政策提供了丰富的理论基础和技术支持。但是受国外学者的研究对象和数据大多来自主要发达国家和部分新兴市场经济体的影响，这些相关结论和研究成果并不完全适用于我国绿色经济发展的研究。

与国外学者研究相比，国内学者主要是从绿色经济的内涵、发展方向和评价体系等领域对我国绿色经济发展进行理论和实证研究，并取得了一定的研究成果。综合分析这些国内研究成果可以看出：在这些研究成果中，关于国家绿色经济发展的宏观层面分析较多，而关于绿色产业的中观层面和绿色企业的微观层面的分析较少；关于绿色经济发展的内涵和政策建议等方面的定性分析较多，而涉及绩效评估和竞争力衡量等方面的定量分析较少，并且缺乏将定性分析和定量分析有机结合的综合研究。因此，研究成果的具体性和可操作性尚有待进一步挖掘，特别是结合当地经济发展现状和环境资源特色的针对某一地区的综合性实证研究将更加具有理论意义和现实意义。

第三节 研究内容、研究方法和创新之处

一、研究内容

本书以供给侧结构性改革的不断推进为视角，从辽宁省绿色经济发展的现状出发，综合运用绿色发展经济学、生态经济学、循环经济学、新制度经济学和计量经济学等理论方法，通过分别构建基于动态因子分析法和多DEA – Gini 准则模型的辽宁省绿色经济发展绩效评价指标体系，对辽宁省 14 座城市和不同区域绿色经济发展绩效进行综合评估，总结过往的经验和问题，明晰当前的情况和特点，明确今后的方向和道路，并据此提出积极提升辽宁省绿色经济发展绩效的政策建议，为政府在供给侧结构性改革的大背景下发展绿色经济提供一定的理论基础和技术支持。主要内容包括：

1. 绪论：通过当前国内外经济环境的介绍，说明在供给侧结构性改革的大背景下，辽宁省发展绿色经济的重要性，国内外学者对绿色经济的研究现状综述与评价，以及本书的研究内容、研究方法和创新之处等。

2. 绿色经济的相关理论：通过对绿色经济的内涵、特征和绿色经济发展的推进机制的介绍，为后续研究打下理论基础。

3. 发达国家和国内主要省份绿色经济发展的经验与借鉴：通过对美国、日本、德国等发达国家和浙江、福建、海南等我国主要省份绿色经济发展的相关政策和实践经验进行综述分析，得出全面推进辽宁省绿色经济

发展的相关启示。

4. 辽宁省绿色经济发展的现状分析：通过对城镇居民人均可支配收入、城镇化率、人均公园绿地面积、工业固体废物综合利用率、节能环保公共财政预算支出等指标进行对比，说明省内各城市受经济发展、资源禀赋、区位优势和扶持政策等因素的影响，绿色经济的发展是不均衡的。

5. 辽宁省绿色经济发展绩效水平的动态因子分析评估：通过汇总高频指标、借鉴国际权威机构和结合区域实际状况的方法，从经济增长、社会发展、环境资源和政策支持四个方面，综合构建辽宁省绿色经济发展绩效评价指标体系。在此基础上，利用动态因子分析法对省内 14 座城市绿色经济的发展状况进行绩效排名，并根据横向和纵向的比较分析结果，分别从经济发展水平、城市化进程和生态资源禀赋等方面对绩效排名结果进行解释与分析。

6. 辽宁省绿色经济发展绩效的多 DEA－Gini 准则模型评估：在动态因子分析法指标体系的基础上，建立多 DEA－Gini 准则模型的指标体系，基于投入和产出的视角，运用多 DEA－Gini 准则模型分别从全省、区域和城市的视角对辽宁省绿色经济发展的绩效水平进行综合评估分析，以进一步验证动态因子分析法的相关结论，并从不同地域视角反映辽宁省绿色经济发展绩效水平的总体变化。

7. 积极提升辽宁省绿色经济发展绩效的政策建议：根据各城市和区域绿色经济发展的绩效评估排名，以及发达国家和国内主要省份绿色经济发展的相关政策和实践经验，分别从经济增长、社会发展、环境资源和政策支持四个方面找出各城市和区域之间的发展差距，并据此有针对性地提出积极提升辽宁省绿色经济发展绩效的政策建议。

8. 结论与展望：对全书进行概括性的总结，并对未来的研究方向进行展望，提出有待进一步研究的问题。

二、研究方法

本书遵循"提出问题—分析问题—解决问题"的研究思路，采用理论

分析和实证分析相结合、微观分析和宏观分析相结合的方法，对辽宁省绿
色经济发展的绩效评估和推进机制进行研究，技术路线如图1.1所示。

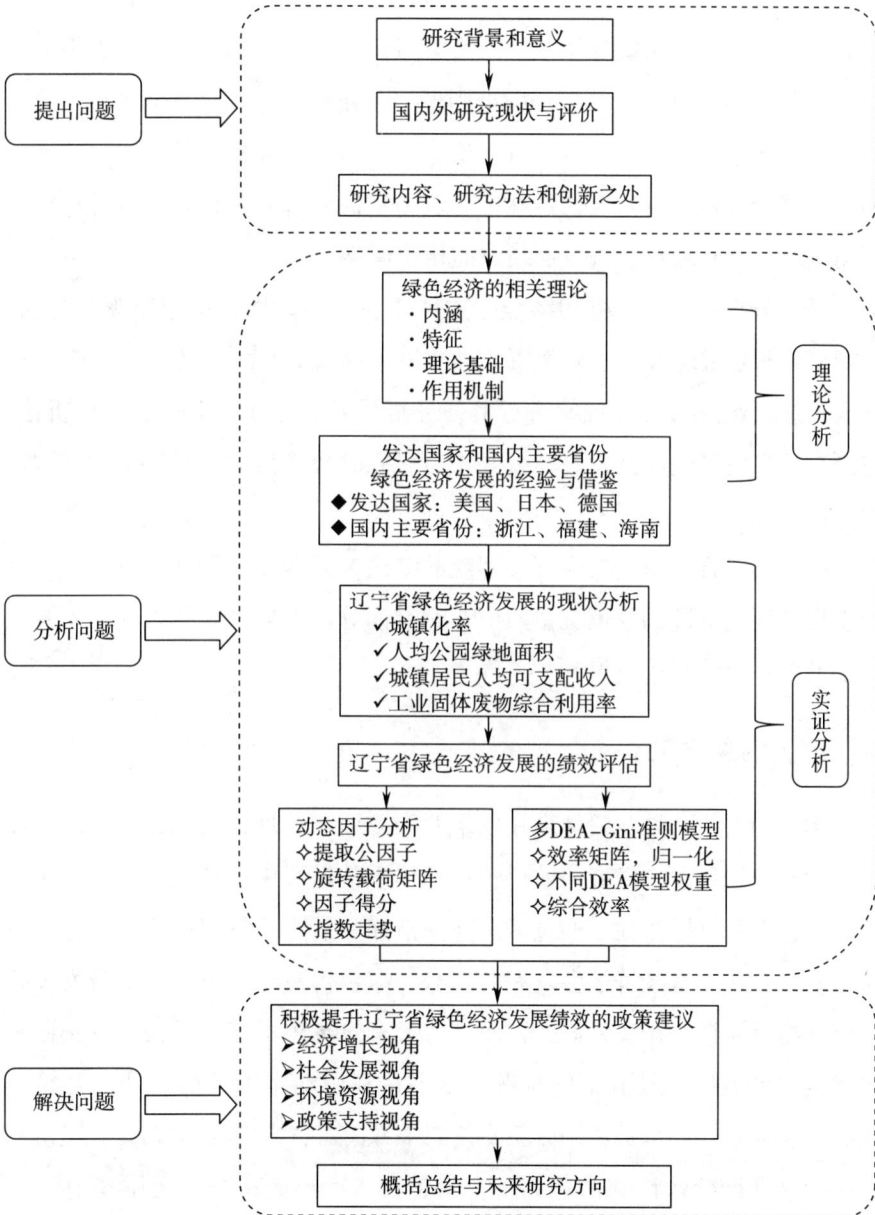

图1.1 技术路线

理论分析和实证分析相结合主要体现在：一方面，运用绿色发展经济学、生态经济学、循环经济学和新制度经济学等相关学科理论，对辽宁省绿色经济发展的推进机制进行理论分析，将理论分析作为本书研究的基础；另一方面，运用统计年鉴中的相关指标数据，利用计量经济学中的动态因子分析法以及多 DEA－Gini 准则模型，分别对省内各城市绿色经济发展的绩效水平进行实证分析。将理论分析作为实证分析的基础，将实证分析作为理论分析的提升，通过理论分析和实证分析有机结合，有针对性地提出提升辽宁省绿色经济发展绩效的相关建议。

微观分析和宏观分析相结合主要体现在：一方面，运用微观分析法，从经济增长、社会发展、环境资源和政策支持四个方面对辽宁省和省内 14 座城市绿色经济发展的现状进行具体分析。另一方面，运用宏观分析法，将提升辽宁省绿色经济发展的绩效作为研究的最终目的，对辽宁省各城市绿色经济发展绩效水平不均衡的原因进行深入剖析。通过微观分析和宏观分析的有机结合，得出较为真实客观的结论，并据此分别从经济增长、社会发展、环境资源和政策支持四个方面有针对性地提出了提升辽宁省绿色经济发展绩效的政策建议。

三、创新之处

本书的创新之处主要体现在以下两个方面：在理论研究方面，本书在建立辽宁省绿色经济发展绩效评价指标体系的过程中，依据科学性、系统性、综合性和可操作性，通过汇总高频指标和借鉴国际权威机构指标的方法，并结合辽宁省经济社会发展的现状，综合构建辽宁省绿色经济发展绩效评价指标体系。在实证研究方面，为了有效解决不同模型得到的不同绩效评价结果不易比较分析的难题，本书在利用动态因子分析法从经济增长、社会发展、环境资源和政策支持四个方面对省内 14 座城市绿色经济的发展状况进行绩效评估的基础上，基于投入产出的视角，运用多 DEA－Gini准则模型分别从全省、区域和城市的视角对辽宁省绿色经济发展的绩效水平进行综合评估分析，进一步验证了动态因子分析法的相关结论，并从不同地域视角反映辽宁省绿色经济发展绩效水平的总体变化，为省内各区域和城市精准定位自身优势、找准自身差距以及积极提升绿色经济发展绩效提供了有效依据。

第二章　绿色经济的相关理论

在世界绿色经济发展的新趋势下，随着我国供给侧结构性改革的不断推进，对于正处于老工业基地新一轮全面振兴关键历史机遇期的辽宁省来说，绿色经济发展必然成为辽宁省经济转型期内推动经济提质增效升级的新引擎，是辽宁省推进生态文明建设和促进经济可持续发展的必然选择。因此，本章在介绍绿色经济的内涵和特征的基础上，分别从经济增长、社会发展、环境保护和政策支持的视角分析绿色经济发展的推进机制，为绿色经济发展的研究奠定理论基础。

第一节　绿色经济的内涵

作为绿色发展潮流下随势而生的一个新兴经济发展模式，绿色经济是一种在可持续发展基础上发展起来的，包含生态经济、循环经济和低碳经济等多种经济模式的总和。为此，国内外众多学者都对其进行了深入研究，并赋予了不同的定义。通过梳理国内外学者和机构对绿色经济定义的代表性观点，我们可以看出：随着人类对生活质量提升和自然环境改善协同推进的不断反思，以及经济社会发展的不断深化，学者们对绿色经济内涵的探索也随之不断深入。

尽管国内外学者的观点各有侧重，但均从不同层面体现出绿色经济强调生态环境保护与可持续发展相统一的本质属性。基于此,本书综合国内外学者的研究成果,将绿色经济定义为:将有效提升经济效率和社会效益作为主要手段,在绿色发展理念的引领下,充分发挥科技创新的驱动力,通过资源能源集约利用,生态环境持续改善,人类福祉显著提高,实现经济发展、环境保护和生态改善有机结合、协调统一的可持续发展模式。

第二节　绿色经济的特征

首先,绿色经济以可持续发展为基本前提。发展绿色经济的过程中,必须将经济规模合理有效地控制在环境可承受和资源可再生的范围之内。在全面提高人民生活质量、满足当代人发展需求的同时,更要理性兼顾后代人的发展需求,充分重视经济的可持续发展。因此,绿色经济是在可持续发展的基础上新兴产生的,可持续性占据着绿色经济发展的主导地位。[①]

其次,绿色经济是以协同创新为引领的,具备高度成长潜力的经济发展模式。一方面,创新驱动不断为绿色经济的发展注入活力,通过"人才、资本、信息、技术"等创新要素的协调发展和深度合作,充分发挥了创新的推动作用,进而实现经济跨越式的发展。另一方面,绿色经济具备高度发展潜力,在有效降低传统产业的投入产出比率以改造提升传统产业的同时,通过大力发展战略新兴产业和高新技术产业,拓宽经济增长和环境改善的双赢之路,不断增强经济发展后劲。因此,绿色经济的发展涉及经济发展、环境发展和社会发展等多个方面,它通过创新驱动大力发展对环境影响小或有利于改善环境的行业,并通过对传统产业进行生态改造带动经济蓬勃发展态势,使经济发展更加适应可持续发展的要求。

最后,绿色经济更加注重实体经济的发展。从宏观层面来看,绿色经

---

① 胡鞍钢. 中国:创新绿色发展 [M]. 北京:中国人民大学出版社,2012:27 – 35.

济通过提倡节约资源、完善废弃物循环利用等方式带动农业、制造业和服务业等行业的发展，并以此有效推动生产、流通、消费等社会再生产领域进行绿色化转型。从微观层面来看，绿色经济在发展的过程中为绿色产品与服务提供了有效的供给与需求。因此，绿色经济具有完整国民经济性质，是推动国家经济发展的主要模式。

第三节　绿色经济发展的推进机制

一、基于脱钩理论的经济增长机制

经济合作与发展组织（OECD）等国际组织基于环境经济学等理论提出的脱钩理论认为：当一个国家或地区的经济发展不以环境恶化为代价，其资源利用和环境压力不随着经济的发展而增加，此时环境质量与经济增长呈现脱钩关系。如图 2.1 所示，根据经济增长幅度和环境污染增长幅度的相对大小，脱钩可以分为负脱钩、相对脱钩和绝对脱钩。因此，我们可以依据脱钩理论，从经济增长的角度来分析绿色经济发展的推进机制。

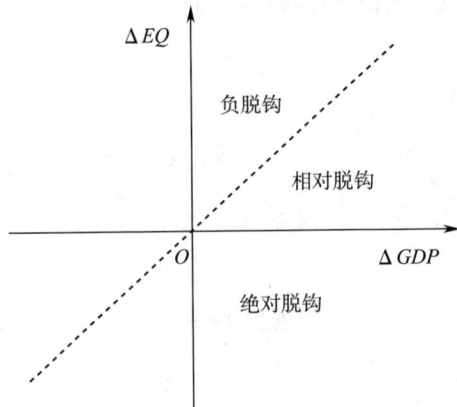

图 2.1　脱钩理论的主要类型

　　一国的经济增长一般带来资源消耗和环境污染，但在采取有效政策和技术革新之后，该国可能会以较低的资源消耗和环境污染达到同样甚至更高水平的经济增长，以实现环境质量与经济增长的脱钩。如图 2.2 所示，在一国的工业经济发展的初期，由于工业技术水平相对较低，粗放型经济增长模式使经济增长幅度小于其带来的资源消耗和环境污染增长的幅度，这是以牺牲环境和资源为代价来换取经济增长的负脱钩状态。随着社会经济的进一步发展，资源消耗和环境污染逐渐接近了环境承载力的极限，国家为此通过加快产业结构升级、发展清洁能源和强化环境保护监督等措施在保持一定经济增长幅度的同时，尽量减轻资源消耗和环境污染，使经济增长的幅度大于其带来的资源消耗和环境污染的增长幅度，这是大多数国家在经济转型过程中常见的相对脱钩状态。在经济发展达到一定水平后，公众更加关注现实和未来的生活环境，对高环境质量的需求不断加大。国家为此通过发展绿色金融、推广绿色文化，积极参与全球生态环境治理合作等措施，在保证经济增长的同时实现了资源消耗和环境污染的减轻，这是经济效益和环境效益实现"双赢"的绝对脱钩状态。它在遏制了单纯追求经济增长而增加生态负荷的同时，又避免了单纯追求生态保护而降低经济发展速度，是环境质量和经济增长之间最理想的状态。因此，随着经济的发展和公众环保意识的提升，一国环境质量和经济增长的关系会从负脱钩状态过渡到相对脱钩状态，再从相对脱钩状态过渡到绝对脱钩状态，进而有效推进绿色经济的发展。

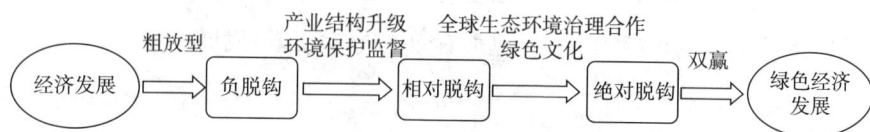

图 2.2　基于脱钩理论的绿色经济发展推进机制

二、基于可持续发展理论的社会发展机制

世界环境与发展委员会（WCED）等国际组织提出的可持续发展理论

认为：人类在推动社会发展的进程中，在大力推进经济社会发展的同时，要充分保护赖以生存的生态环境和自然资源，既要满足当代人的需要，又不能损害后代人寻求发展需要的能力，使人类社会实现可持续发展。因此，我们可以依据可持续发展理论，从社会发展的角度来分析绿色经济发展的推进机制。

可持续发展摒弃了以环境污染、资源破坏为代价的经济社会发展模式，大力推广经济与资源环境和谐相融的发展模式。它在进一步提升经济发展质量的同时，有效满足了推进生态文明建设的总体要求，更好地实现经济效益和生态效益的协调统一，全面提高人类福祉。如图2.3所示，为了有效遏制单纯追求经济增长造成的资源短缺和环境污染，各国纷纷以绿色化作为发展导向，将可持续发展作为其经济社会发展的主要原则。一方面，在社会发展过程中更加关注环境承载力，将平衡环境承载力与经济发展之间的关系作为推进社会发展的基本原则，在推进社会经济发展的同时，以资源拥有限度和环境的承载能力为前提，不断加大环保治理力度，降低环境恶化风险，持续改善生态环境。另一方面，在社会发展过程中更加关注代际公平，在推进当代社会发展的同时，通过控制资源使用的限度和实现资源的循环利用，给子孙后代预留出以相等的，甚至更多的机会。与此同时，在社会发展过程中更加强调发展的平衡性，通过优化产业结构，将经济、社会和生态有机结合，实现经济发展、环境保护和生活质量提高之间有机平衡的发展。因此，一国能够通过优化产业结构、提升资源利用效率等措施积极推动经济的可持续发展，进而有效推进绿色经济发展。

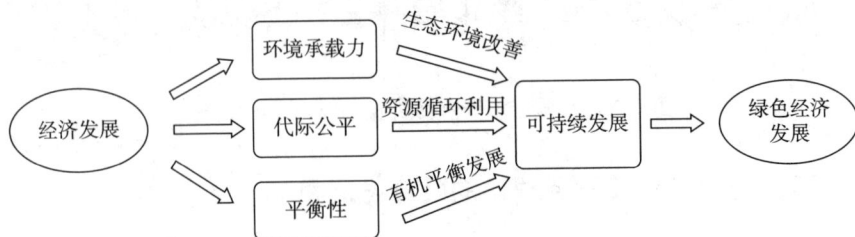

图 2.3　基于可持续发展理论的绿色经济发展推进机制

三、基于环境库兹涅茨曲线理论的环境保护机制

美国经济学家格罗斯曼和克鲁格等学者在库兹涅茨曲线基础上提出的环境库兹涅茨曲线认为：在经济发展初期，环境质量会随着收入水平的上升而下降，但是当收入水平上升到一定程度后，环境质量则会随着收入水平的上升而上升，即环境质量与收入水平呈倒 U 形关系，如图 2.4 所示。因此，我们可以依据环境库兹涅茨曲线理论，从环境保护的角度来分析绿色经济发展的推进机制。

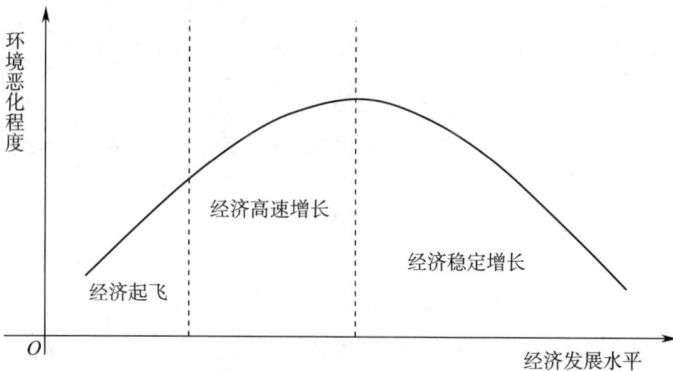

图 2.4 环境库兹涅茨曲线

经济发展所引发的环境问题是由于环境具有公共物品性质所导致的，污染治理水平的提升和公众环保意识的增强，会使环境作为公共物品供给相对增加的同时需求相对减少，进而逐步解决环境污染问题，最终实现经济的绿色转型。[①] 如图 2.5 所示，在一国经济发展初期，由于工业基础设施薄弱，粗放型经济增长模式在带来资本快速积累的同时也带来了资源消耗的加剧和污染排放的增加。当一国经济发展到一定阶段后，生态环境的恶化无法继续支持粗放型经济增长模式，收入水平的提高也使人们对高环境质量的需求不断提升，政府在环境保护方面的压力不断加大。为此，一

---

① 盛馥来，诸大建．绿色经济：联合国视野中的理论、方法与案例［M］．北京：中国财政经济出版社，2015：31－38.

方面,科技研发投入力度的加大,推动技术进步,降低了单位产出的要素投入,有效提升了资源的利用率;另一方面,可再生资源循环利用的加强和能源消费结构的优化,有效降低了污染物排放及其对生态质量的影响。在此基础上,政府环保力度的加大,在一定程度上加快产业结构升级的步伐,减少了环境发展的经济成本,缩短了经济发展达到环境库兹涅茨曲线拐点所需的时间,进而有效推进绿色经济的发展。

图 2.5　基于环境库兹涅茨曲线理论的绿色经济发展推进机制

四、基于制度变迁理论的政策支持机制

美国经济学家道格拉斯·诺斯等学者提出的制度变迁理论认为:制度变迁和制度创新能够通过制度保障将技术革新的成果有效巩固下来,为经济增长注入活力,进而有效降低交易成本、提高制度效益。因此,我们可以依据制度变迁理论,从政府政策支持的角度来分析绿色经济发展的推进机制。

政府在绿色经济的发展过程中占据重要地位,绿色经济的发展同政府意志的强弱、政策措施是否得当息息相关,特别是在绿色经济发展的起步阶段,政府更应当承担主要的推动和引导作用。[①] 如图 2.6 所示,一方面,从企业的角度来看,企业在绿色经济发展过程中会面临一些无法通过市场原有机制解决的问题,这就需要政府制定、完善和创新相关制度。为此,各级政府可以通过完善相关法律,对绿色经济的立法进行整体性规划;制定合理的产业政策,优化产业布局;综合采用金融支持、税收减免和财政补贴等多种经济调节手段,引导企业行为;将绿色 GDP 核算作为政绩考核

---

① 曾凡银. 绿色发展:国际经验与中国选择 [J]. 国外理论动态, 2018 (8): 85 - 92.

的重要指标等多种方式，干预市场运行，提升经济效率。另一方面，从消费者的角度来看，消费者推进绿色经济的积极性在很大程度上取决于他们的收入水平和交易成本，这也需要政府制定、完善和创新相关制度。为此，各级政府可以通过大力开展绿色经济的宣传教育，营造公众参与的氛围；建立和完善公众参与平台，与各级中介机构建立友好合作关系；鼓励和支持公众参与绿色创新，创建公众参与、公众收益、公众监督的生态文明等方式提升公众参与力度，引导消费者绿色消费。因此，政府可以通过制定、完善和创新相关政策来干预市场运行、鼓励公众参与，进而积极推进绿色经济的发展。

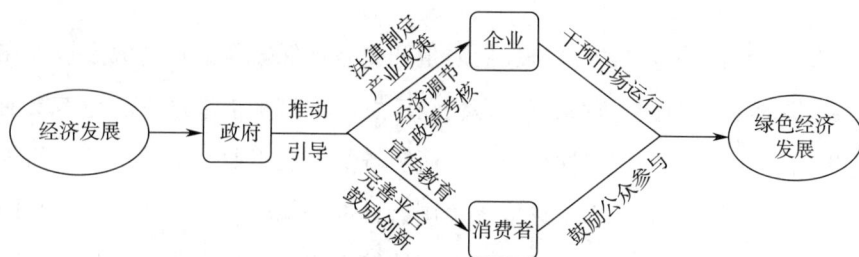

图 2.6　基于制度变迁理论的绿色经济发展推进机制

第四节　本章小结

本章主要通过对绿色经济的内涵、特征和绿色经济发展的推进机制进行介绍，为绿色经济发展的研究奠定理论基础。首先，基于绿色经济强调生态环境保护与可持续发展相统一的本质属性介绍了绿色经济的内涵。其次，介绍了绿色经济具有以可持续发展为前提、以协同创新为引领、更加注重实体经济发展等特征。最后，分别依据脱钩理论、可持续发展理论、环境库兹涅茨曲线理论和制度变迁理论分析推进绿色经济发展的经济增长机制、社会发展机制、环境保护机制和政策支持机制，为绿色经济发展的研究奠定了理论基础。

第三章　发达国家和国内主要省份绿色经济发展的经验与借鉴

　　绿色经济发展是兼顾经济发展质量和生态环保效益的可持续发展。在供给侧结构性改革的大背景下，绿色经济发展不仅是推进辽宁省生态文明建设和可持续发展的主要途径，更是辽宁省实现老工业基地新一轮全面振兴的必然选择。因此，本章选取了美国、日本、德国三个发达国家和我国的浙江、福建、海南三个绿色经济发展比较有代表性的省份，通过对这些发达国家和国内主要省份绿色经济发展的相关政策和实践经验进行综述分析，不仅对辽宁省推进绿色经济发展具有积极的指导作用，而且对我国其他省份坚持走绿色发展之路也有重要的借鉴意义。

第一节　发达国家绿色经济的发展

　　发达国家绿色经济发展的国际经验表明：绿色经济发展不仅是推动国家经济转型和技术创新的有效途径，更是促进国家可持续发展和提升核心竞争力的必然选择。为此，我们选取了美国、日本和德国三个国家，通过对这些发达国家在绿色经济发展过程中相关政策和实践经验进行综述分析，以对辽宁省绿色经济发展起到一定的指导和借鉴作用。

一、美国：绿色新政下的经济复苏

20世纪40年代，多起环境污染恶化事件的发生使美国开始反思工业化进程对环境质量的影响，于是被迫走上"先污染后治理"的绿色转型道路。此后，美国历任政府都非常重视政策对绿色经济发展的导向作用，特别是国际金融危机过后，为了应对危机带来的一系列问题，奥巴马政府提出了"绿色新政"，以发展绿色经济提升国际核心竞争力，进而促进经济复苏。

首先，美国政府通过制定和颁布相应的法律法规，对绿色经济的发展提供制度保障。美国政府通过制定和颁布《低碳经济法案》《气候责任和创新法案》《美国复苏和再投资法案》《美国清洁能源安全法案》等法案，一方面，通过不断探索和开发太阳能、核能、生物能、风能和地热能等清洁能源，逐渐降低对石油和天然气等石化能源的依赖。另一方面，通过设立行业能源效率标准，不断提高传统能源的使用效率，从源头上减轻环境污染，提升人民生活质量。在此基础上，通过加大对清洁能源开发与部署方面的资金投入，加快推进新技术研发与应用，进而有效促进绿色经济发展。

其次，美国政府通过创新市场化运作，将经济手段与生态环境保护相结合，对绿色经济发展提供经济激励。一方面，在以碳排放权交易制度为代表的相对完善的排污权交易制度下，企业在不突破污染物排放规定总量的前提下，将未使用的排放权在二级市场交易，通过市场化的运作提升企业节能减排的积极性。另一方面，美国政府充分运用税收优惠和资金补贴等财政手段，通过对给予绿色产业出口退税、对购买和使用符合标准的环保设备给予税收减免和资金补贴等财政手段，积极落实绿色生产和绿色生活的导向作用。

最后，美国政府通过完善的金融市场，运用绿色金融，对绿色经济发展提供资金支持。一方面，商业银行通过对节能减排和清洁能源开发等项目发放低利率贷款或进行贷款担保，以及成立绿色银行等方式，运用绿色信贷促进绿色产业的发展。另一方面，美国政府通过积极推进绿色债券和绿色风险投资基金等绿色证券的创新和发展，有效拓宽了绿色投资者和绿色企业的投融资渠道，运用绿色证券更加灵活、深入地将金融服务渗透到绿色产业发展中。与此同时，美国政府通过实行强制保险制度，设立专门承保环境责任保险的机构，并在保险产品设计和政府担保等方面不断创新，运用绿色保险为绿色产业发展保驾护航。

综上所述，美国政府通过法律的制度保障、市场化的运作手段和绿色金融的创新积极促进绿色经济的发展，在进一步完善生态环境保护的同时，以相关绿色产业发展带动美国的就业、有效扩大内需，不仅成功实现经济发展的绿色转型，还有效地推动美国逐步走出国际金融危机。

二、日本：四大战略下的绿色转型

20 世纪 70 年代，日本政府逐渐意识到以牺牲环境换取经济高速发展的生产模式导致环境污染问题的严重性。为此，日本政府开始了经济发展与环境保护协调发展的探索之路，制定了促进绿色经济全面发展的四大战略：加强《节能法》执行力度的"限制战略"、政府和经济团联间达成协议，企业自我限制的"协定战略"、建设几乎不排放温室气体核电站的"原子战略"、呼吁人们控制使用石油等的"呼吁战略"，通过制定中长期目标，统筹规划绿色经济发展，全面推进经济绿色转型。[①]

首先，日本政府通过颁布和出台一系列促进绿色经济发展的法律法规，为绿色经济发展提供制度保障。一方面，日本政府通过颁布《新国家能源战略》和《面向低碳社会的十二大行动》等法案，全面推广包括风能、核能、太阳能和生物能等在内的可再生能源的使用，并通过加大对可再生能源研发的补助力度，推进能源结构改革，有效提升新能源的使用效率，实现减排目标。另一方面，日本政府通过《绿色经济与社会变革》

---

① 董战峰，毕军. 绿色化国际经验的启示 [J]. 唯实，2015 (10)：55-58.

《绿色投资促进法案》《能源环境技术创新战略2050》等法案，明确了政府、企业和公民在环境保护方面的责任和义务，进一步推进环境保护的全民化与法制化，进而全面推动绿色经济的发展。

其次，日本政府通过积极推行绿色科技的开发与创新，逐步扩大绿色科技的应用领域，为绿色经济发展提供科技支撑。一方面，日本政府通过加大废水处理技术、塑料循环利用技术、太阳能环保住宅技术和绿色交通建设技术等绿色科技的研发力度，逐步扩大绿色科技的应用领域，全面推进绿色产业发展。另一方面，日本政府通过积极推进能源系统集成、节能、储能、可再生能源发电和碳固定与利用等领域的技术创新，实现温室气体减排，逐渐完善绿色科技的革新方案，全面推进经济的绿色转型。在此基础上，日本政府还通过加强国际间绿色科技研发的交流与合作，在不断引进国外绿色科技的同时，将本国的绿色科技创新推广至其他国家，通过绿色科技创新有效推进绿色经济发展。

最后，日本政府通过将经济手段与环境治理相结合，逐步完善绿色金融体系，为绿色经济发展提供资金支持。一方面，日本政府通过积极推进绿色金融衍生品的研发，逐步完善绿色金融体系，拓宽金融资产转化为绿色技术开发资金和绿色产品启动资金的渠道，为绿色产业提供充分的资金支持，进而有效推进绿色经济发展进程。另一方面，日本政府通过财政补贴和税收减免等奖励性经济政策，为从事能源环境开发与制造的企业提供资金支持，引导资金向绿色产业倾斜，进而全面推进经济的绿色转型。

综上所述，日本政府通过完备的法律法规体系、新能源和环保创新的科技支撑、绿色金融体系的资金支持，全面推进绿色经济的发展，不仅有效地解决了环境污染问题，还将环境产业打造成日本重要的支柱产业和经济增长核心驱动力量，成功实现了经济的绿色转型，创造了经济发展和环境保护"双赢"的局面。

三、德国：多领域协调整合的绿色发展

20世纪70年代，德国政府逐渐意识到利用大规模资源换取经济高速

发展的同时，其引发的环境污染和生态恶化也将成为制约经济进一步发展的瓶颈。为此，德国政府开始转变经济发展方式，探索绿色发展道路。特别是此次国际金融危机之后，德国政府在欧盟绿色发展战略指引下，将环境污染治理、环保产业发展、新能源开发利用和节能减排都纳入绿色发展的框架，通过多领域的协调整合，全面推进绿色经济发展。

首先，德国政府通过逐步完善促进绿色发展的法律政策体系，为绿色经济发展提供了有效的制度保障。一方面，欧盟通过颁布《欧洲 2020 战略》《资源节约型旗舰计划》《资源节约型欧洲路线图》等推进绿色经济发展的战略性文件，为德国等欧盟国家的绿色经济发展提供了纲领性的行动规划和路径选择，为德国制定和执行绿色经济政策奠定法律基础。另一方面，德国政府根据本国发展状况，通过颁布《循环经济和废物处理法》《可再生能源法》《全面禁止核能法》等法案，不仅从宏观上将德国绿色经济发展重点定位为可再生能源发展和工业生态化转型，还在微观上要求企业和居民对资源实行综合回收利用，减少环境污染，保护生态环境，进而全面推动绿色经济的发展。

其次，德国政府通过加大资金投入和完善研发体系推动高新技术发展，为绿色经济发展提供内在动力。一方面，德国政府在加大国家在绿色经济发展方面资金投入力度的同时，以税收优惠和财政补贴等经济手段，鼓励企业和个人在绿色环保领域投资，筹集民间资本建立环保创新基金，大力推进绿色科技的研发和创新。另一方面，德国政府通过逐步完善由政府、高校和科研院所等机构组成的科技研发体系，对相关技术进行深入研究，并将其应用到绿色产业发展的实践，用绿色科技的高新化和精细化共同发展打造经济发展的核心竞争力，全面推进经济的绿色转型。

最后，德国政府通过加大环保宣传教育力度和强化利益相关者引导来培养国民的绿色环保意识。一方面，德国政府通过将环保知识纳入学校的教育与科学研究体系，向国民广泛宣传环境污染带来的危害并介绍绿色科技发展给国民带来的益处，用通俗易懂的方式和正反两方面的对比，向国民大力宣传和推广绿色文化。另一方面，德国政府通过在国内大力推广带有"蓝色天使"标识的绿色产品，将环保标志作为环境政策的市场导向工具，在引导消费者选择绿色产品方面提供准确信息，并通过为生产绿色产品的厂商提供经济鼓励等手段，自觉提升全民的环保意识，全面推进绿色经济发展。

综上所述，德国政府通过完善的法律政策体系、全方位的科技研发支撑和根植于国民意识的环保理念，协调和整合多领域绿色协同发展，不仅实现了经济的绿色转型，有效提升了国家和企业的核心竞争力，还实现了更有包容性和更有质量的绿色增长，使德国的绿色经济发展始终走在世界前列。

第二节　国内主要省份绿色经济的发展

2005 年 8 月，时任浙江省委书记的习近平在浙江安吉余村考察时，提出了"绿水青山就是金山银山"的重要论述。该理论以协调推进经济发展和环境保护为目的，以提升生态环境质量为核心，不仅是推进我国经济结构转型升级的现实需要，更为全球绿色经济发展提供了基本思路。为此，我们选取了"两山"理论发源地的浙江省、首个生态文明试验区的福建省和欠发达省份实现绿色崛起的海南省，通过对这些省份在推进绿色经济发展过程中践行"绿水青山就是金山银山"理论的相关政策和实践经验进行综述分析，以对辽宁省绿色经济发展起到一定的指导和借鉴作用。

一、浙江：两美浙江的满意答卷

作为"绿水青山就是金山银山"理论的发源地，浙江省坚持以"绿水青山就是金山银山"理论为引领，积极践行两美浙江战略，经过十余年的实践和创新，在实现经济总量迅速增长和城乡居民收入快速增加的同时，节能环保产业规模不断壮大，产业结构逐步向生态化演进，经济社会各方面实现稳步高质量发展，逐步形成了具有浙江特色的绿色发展道路，不仅向两美浙江发展战略交出满意答卷，更为全国其他省份绿色经济发展提供了可资借鉴的发展经验。

首先，浙江省通过改变经济发展考核方式，开展生态创新示范试点，推动形成"绿色发展观"。一方面，浙江省根据各地生态资源禀赋和经济发展情况，对淳安、丽水、衢州等经济发展相对落后县市的 GDP 考核松绑，通过构建"绿色 GDP 核算体系"，进一步树立绿色发展导向。另一方面，浙江省率先推进"河长制"全覆盖和排污许可证"一证式"管理改革，建立健全生态环保制度，探索开展各类生态补偿机制试点，并使安吉县、湖州市和衢州市成功入选环保部命名的全国首批"绿水青山就是金山银山"实践创新基地。

其次，浙江省坚持以改善生态环境质量为核心，通过"五水共治""三改一拆""四边三化"等一系列生态环保制度"组合拳"加快推进生态环境改善，提升经济发展质量。[①] 一方面，浙江省成立独立运作的治水办，积极推行治污水、防洪水、排涝水、保供水和抓节水的"五水共治"的战略决策，并编制浙江版《土壤污染防治行动计划》，着力从源头上防范土壤污染风险。另一方面，浙江省统筹城乡推进环境基础设施建设，积极推进绿色城镇化，深入实施"千村示范万村整治"工程，全面开展洁化、绿化、美化的"四边三化"行动，不断提升美丽乡村整体水平。在此基础上，浙江省还率先出台环保、公检法等多个部门的联动机制和相关政策文件，加强环保行政执法与司法联动，推进污染治理和严格执法。

再次，浙江省大力发展现代生态循环农业，打造"生态 +"新业态，充分依托"互联网 +"和大数据等技术手段，引导建立产业融合发展"生态圈"。一方面，浙江省以现代生态循环农业为载体，在大力推进现代生

---

① 翁智雄，马忠玉，朱斌，程翠云，段显明. "绿水青山就是金山银山"思想的浙江实践创新 [J]. 环境保护，2018（9）：53 –57.

态循环农业发展的同时，积极推进慢生活休闲旅游示范村和旅游风情小镇的建设，着力构建涵盖生态、观光、环保和产业带动的发展模式。另一方面，浙江省大力推进资源综合利用，将"生态＋"全面融入绿色制造体系的构建，着力培养绿色产业，构建绿色供应链，积极打造工业循环经济示范园区。在此基础上，浙江省通过有效运用"互联网＋"和大数据等技术手段进一步拓展绿色优势产品的营销路径，加快实现以产业发展和科技进步协同推进绿色经济的发展进程。

最后，浙江省通过创建绿色金融改革创新试验区、创新绿色金融产品和推进碳排放权交易市场建设等多种手段，积极探索绿色金融的新模式。① 一方面，自 2017 年 6 月被国务院确定为绿色金融改革创新试验区以来，浙江省通过完善人才培养和财税优惠等扶持性政策，支持金融机构设立绿色金融事业部或支行，构建绿色金融风险防范机制等措施积极推进绿色金融创新发展。另一方面，浙江省通过开展绿色信贷、绿色保险、绿色债券和绿色基金等业务，积极推进绿色金融产品创新发展，探索绿色金融标准体系，有效引导更多资金流向绿色产业。在此基础上，浙江省以实现低碳发展为目标，依托当地的生态资源优势，大力推进碳排放权交易市场建设，利用绿色金融的创新发展进一步拓展了生态优势转化为经济资源的实现路径。

综上所述，浙江省在绿色经济发展过程中，用辩证思维深化对"绿水青山就是金山银山"的理解，通过深化绿色发展理念，健全优化与生态指标相挂钩的考核机制；多点发力打造"生态＋"新业态，形成三次产业融合发展的产业链和产业群；支持和引导绿色金融产品和服务的创新实践，积极助推生态资源转化为经济优势等多种手段，在践行两美浙江战略的过程中，探索出一条绿色发展的共赢之路，为全国其他省份的生态文明建设和绿色经济发展提供了宝贵的经验与借鉴。

---

① 翁智雄，马忠玉，朱斌，程翠云，段显明．"绿水青山就是金山银山"思想的浙江实践创新 [J]．环境保护，2018（9）：53－57．

二、福建：清新福建的亮丽名片

作为我国首个生态文明试验区，福建省始终坚持绿色发展理念，在"绿水青山就是金山银山"理论的指引下，积极推进生态文明建设，逐步走出一条具有福建特色的生产、生活、生态共赢的绿色发展道路，在保持经济增长速度高于全国平均水平的同时，还成为全国连续多年水、空气和生态环境全优的省份，不仅将绿色生态的"清新福建"打造为福建的亮丽名片和金字招牌，更为全国其他省份绿色经济发展提供了可资借鉴的发展经验。

首先，在落实绿色责任方面，福建省围绕绿色发展积极推动生态环境保护监管和生态文明考评等机制创新，全面推进责任落实。一方面，福建省通过把资源消耗、环境损害和生态效益纳入经济社会发展评价体系，并大幅提高权重，逐步完善干部政绩考核体系，实行生态保护优先和农业优先的绩效考评方式，以及依据主体功能定位的差别化评价考核制度。另一方面，福建省通过率先实施环境保护"党政同责"，以及建立职能部门环保"一岗双责"工作推进机制，进一步强化属地责任和部门责任，把生态文明建设各项任务细化分解到各地各部门，构建起全覆盖、不遗漏的生态环保责任体系。在此基础上，福建省通过建立一季一督查、一季一通报制度，以及将督查重点由"督企"转向"督政"，逐步强化环境执法督察，切实保障环境公共利益和人民群众的环境权益。

其次，在推进绿色生产方面，福建省将推进供给侧结构性改革与建设生态文明试验区的实践和探索有机结合，积极构建绿色循环低碳的生产方式，培育绿色发展新动能。一方面，福建省通过综合运用阶梯电价、差别地价、等量淘汰和财政奖励政策，健全节能减排降碳的约束机制和循环经济的促进机制，全面超额完成国家下达的节能减排各项任务，提升传统产能绿色化水平。另一方面，福建省通过加快发展现代服务业，培育绿色发展新引擎，并通过加快绿色科研成果转移转化、产业化步伐和示范推广，强化绿色发展科技支撑，逐步形成创新驱动、环境友好、集约高效的绿色生产方式。在此基础上，福建省通过开展排污权交易试点，正式启动碳排放权交易市场，综合运用绿色信贷、绿色债券和绿色保险等绿色金融工具和相关政策，引导社会资金投向节能减排、低碳环保和环境治理等绿色产业，有效促进经济发展和环境保护的协同共进。

再次，在保护绿色生态方面，福建省率先开展集体林权制度改革和生态补偿制度创新。一方面，福建省通过在重点生态区位开展商品林赎买等改革试点，开展集体林权制度改革，建立森林资源补偿机制，充分激发广大林农的发展热情，实现了生态保护和林农增收的双赢局面。另一方面，福建省通过不断完善对重点生态区域的"纵向"补偿机制和全面推进流域间的"横向"补偿机制，妥善处理保护者与受益者、流域上下游间的利益关系，建立健全包括重点生态区域、流域、森林等在内纵横结合的生态保护补偿机制，使绿水青山的守护者有更多获得感。

最后，在倡导绿色生活方面，福建省坚持把有利于增强基层和群众获得感的改革摆在优先位置，通过政府推动与市场驱动相结合，开辟绿色惠民新路径。一方面，福建省通过治理餐桌污染和推广食品放心工程，探索建立食品安全监管机制，确保百姓"舌尖上的安全"。另一方面，福建省通过强化环境质量导向，加快城镇污水处理设施、配套管网建设和完善城乡生活垃圾治理体系建设，探索建立水生态保护监管机制和生活环境治理机制，实现污水和垃圾处理产业化，确保人民群众喝上干净的水、呼吸新鲜空气，全面提升人民群众的绿色福利。

综上所述，福建省始终坚持绿色发展理念，用辩证思维深化对"绿水青山就是金山银山"的理解，通过落实绿色责任、推进绿色生产、保护绿色生态和倡导绿色生活等多种手段，在打造清新福建亮丽名片的过程中，积极探索绿色发展新路径，把生态文明建设融入全域发展，为全国其他省份的生态文明建设和绿色经济发展提供了宝贵的经验与借鉴。

三、海南：绿色崛起的实践范例

作为经济欠发达省份，海南省在经济发展过程中并没有沿袭"先污染、后治理"的老路，而是在获批为我国首个生态示范省之后，始终坚持生态立省战略，秉承"绿水青山就是金山银山"重要理念，以国际旅游岛建设为总抓手，加快国家生态文明试验区建设，注重经济发展与生态保护相协调，在经济持续快速发展的同时，三次产业结构不断调整优化，生态环境持续改善，不仅探索出一条生产发展、生活富裕和生态良好的绿色崛起之路，更为全国其他省份绿色经济发展提供了可资借鉴的发展经验。

首先，海南省以生态环境保护为核心，通过积极推进多规合一的改革和生态文明村建设，不断促进生态环境改善，实现经济发展与环境保护的双赢。一方面，海南省通过先后制定和修订《海南省自然保护区条例》《海南经济特区海岸带保护与开发管理规定》《海南省大气污染防治行动计划实施细则》等地方法规，严守生态红线，将海南省的生态保护纳入制度化、规范化和科学化的轨道。另一方面，海南省通过主动对接"21世纪海上丝绸之路"和"海洋强国"战略，坚持海陆统筹发展，并通过编制《海南省总体规划（2015—2030·）纲要》，建立了全省统一的空间规划体系，利用多规合一的改革形成有机衔接县域经济社会发展、土地利用和生态环境保护的统筹发展规划体系。① 在此基础上，海南省通过积极推进文明生态村创建，将人居环境建设与生态环境保护、生态经济发展有机地结合起来，倾力打造生态人居环境，积极有序推进海南生态文明建设。

其次，海南省以构建生态产业体系为突破口，通过不断提升产业资源化、循环化和生态化水平，基本形成以现代服务业为主导的绿色产业体系和绿色低碳的循环产业发展模式，实现经济效益和生态效益的双赢。一方面，海南省通过推广种养结合的生态循环农业，发展热带高效特色农业、观赏农业和休闲农业，因地制宜地发展生态农业。另一方面，海南省通过合理布局工业，积极发展资源节约、环境友好的新能源汽车、生物制药和绿色能源等新型工业，科学发展生态工业。在此基础上，海南省以国际旅

---

① 王明初. 海南生态文明建设的发展、成就与经验［N］. 海南日报，2018-05-23（第7版）.

游岛建设为契机，将生态文明建设和国际旅游岛建设进行有机融合，通过构建"山海互动""蓝绿结合"的新格局，着力发展生态旅游业，并通过积极推进产业链、资金链和政策链的深度融合，大力发展以养老服务和康复护理等健康产业为代表的现代服务业，促进绿色生产方式与绿色生活方式的良性互动。

再次，海南省以生态补偿为手段，通过逐步建立和完善生态补偿机制，增加生态保护地区农民收入，激发群众参与生态环境保护的积极性，实现经济发展与环境保护的双赢。一方面，海南省通过探索实施生态直补机制，对重点生态功能区的农民给予适当补偿，并通过优化整合资金，加大补偿力度，有效提升生态保护区农民的收入水平。另一方面，海南省利用生态保护区的自然资源优势，将生态补偿与产业扶贫相结合，通过提供种苗和免费培训等方法，探索多元化生态补偿机制，扶植生态保护区农民发展蜜蜂和山猪等特色养殖以及茶叶和南药等特色种植，进一步提高生态保护区农民的收入水平和致富能力，激发当地农民保护生态环境的积极性。

最后，海南省以生态文化建设为载体，通过端正领导干部的政绩观和提升公众的生态文明意识，在全社会形成政府主导和公众参与协同推进生态文明建设的内生动力机制。一方面，海南省通过在政绩考核过程中降低 GDP 权重的同时，增加民生改善和生态效益等考核内容，端正领导干部的政绩观，提升各级领导干部对生态文明建设的重视程度，推动各级政府生态文明建设的常态化和制度化。另一方面，海南省通过积极推广绿色低碳生产生活理念，打造生态环境保护宣传教育基地等方式，加强生态文化教育宣传力度，提高公众的生态文明意识，营造生态文明建设良好的社会氛围。

综上所述，海南省始终坚持生态立省战略，用辩证思维深化对"绿水青山就是金山银山"的理解，以生态环境保护为核心，以发展生态产业为突破口，以生态补偿机制为手段，以生态文化建设为载体，多管齐下，将生态优势转化为发展优势，实现了经济与环境共赢的绿色崛起，为全国其他省份的生态文明建设和绿色经济发展提供了宝贵的经验与借鉴。

第三节　发达国家和国内主要省份
绿色经济发展对辽宁省的启示

　　尽管各个发达国家和我国主要省份由于经济体制和发展水平的差异，在推进绿色经济发展的具体战略措施和行动方案等方面不尽相同，但通过总结和分析发达国家和国内主要省份发展绿色经济的先进经验，我们可以得到关于全面推进辽宁省绿色经济发展的相关启示。

　　首先，在政策法规方面，辽宁省在绿色经济发展过程中，特别是在辽宁省着力推进供给侧结构性改革的大背景下，应逐步制定和完善与绿色经济发展相关的政策法规，为绿色经济发展提供规范有序的制度环境。美国和德国绿色经济发展的经验告诉我们：完善的绿色法制体系是绿色经济发展的制度保障。因此，辽宁省可借鉴浙江省和海南省绿色经济发展的经验，结合自身的经济发展现状与资源优势，在国家绿色经济发展长期战略规划下，逐步制定和完善绿色产业、绿色能源和绿色生活等涵盖绿色经济各个方面的法律制度和相关规定，形成各领域相互配合的法律体系，并通过强化政府的引领作用，逐步健全与绿色经济立法相适应的配套措施，严格落实各项制度性治理举措，进而全面推进绿色经济发展。

　　其次，在市场激励方面，辽宁省在绿色经济发展过程中，特别是在辽宁省着力推进供给侧结构性改革的大背景下，应综合利用各种政策工具，完善市场激励机制，引导资金向绿色产业倾斜，以市场的导向作用保障绿色经济的持续推进。美国和日本绿色经济发展的经验告诉我们：只有理顺激励机制，充分激发企业和个人参与绿色经济的积极性，绿色经济的相关政策才能持续地发挥效用。因此，辽宁省可借鉴福建省和海南省绿色经济发展的经验，结合自身的经济发展现状与资源优势，在处理好政府与市场关系的基础上，充分发挥市场机制的驱动作用，有效激发市场与政策创新，探索生态保护补偿和排污权交易等经济性规制措施，逐步构建全社会参与环保的长效激励机制，引导企业和个人自觉参与绿色经济，并通过设立环保基金、政府采购、出口退税和绿色补贴等多种形式，最大限度地发挥公共投入在市场机制下的"杠杆效应"，进而全面推进绿色经济发展。

再次，在技术创新方面，辽宁省在绿色经济发展过程中，特别是在全省着力推进供给侧结构性改革的大背景下，应加大绿色科技创新的研发支持力度，完善绿色科技创新的管理体制，为绿色经济的发展提供强大的技术支撑和科技驱动。日本和德国绿色经济发展的经验告诉我们：绿色科技创新是国家经济转型和绿色经济发展的核心动力，只有依靠自主创新和科技进步才能使本国经济在全球绿色转型中占据优势领先地位。因此，辽宁省可借鉴浙江省和福建省绿色经济发展的经验，结合自身的经济发展现状与资源优势，逐步增加公共财政在绿色科技创新方面的投入，有效激励民间资本在绿色科技创新方面的投入，以减轻企业开展绿色科技创新的资金压力，支持节能环保、低碳技术等领域的创新发展和新能源的产业化发展，积极推进绿色科技创新，并通过逐步完善产学研合作研发体系，提高绿色科技创新的转化效率，积极营造利用全球资源致力于绿色发展的开放式创新环境，进而全面推进绿色经济发展。

最后，在文化宣传方面，辽宁省在绿色经济发展过程中，特别是在全省着力推进供给侧结构性改革的大背景下，应加强对绿色经济的宣传力度，提升企业的节能环保意识，增强公众建设生态文明的使命感，营造全社会自觉参与环境保护和节能减排的绿色文化氛围。日本和德国绿色经济发展的经验告诉我们：政府自上而下形成的绿色发展理念以及全社会对环境保护政策的大力支持，是绿色经济能够持续推进的民意保障。因此，辽宁省可借鉴福建省和海南省绿色经济发展的经验，结合自身的经济发展现状与资源优势，加大政府对绿色经济的政策引导和宣传力度，倡导绿色生产和绿色消费，充分发掘生产和生活领域环境保护和节能减排的巨大潜力，并通过将绿色发展状况纳入政府绩效考核体系，形成政府带动全民从理论到实践的双向循环绿色发展模式，进而全面推进绿色经济的发展。

第四节 本章小结

　　本章通过对美国、日本、德国这三个发达国家和我国的浙江、福建、海南这三个绿色经济发展比较有代表性省份绿色经济发展的相关政策和实践经验进行综述分析，进而得出全面推进辽宁省绿色经济发展的相关启示。首先，本章介绍了绿色新政下经济复苏的美国、四大战略下绿色转型的日本和多领域协调整合下绿色发展的德国三个发达国家，在绿色经济发展过程中相关政策和实践经验。其次，本章介绍了我国"两山"理论发源地的浙江省、首个生态文明试验区的福建省、欠发达省份实现绿色崛起的海南省，在推进绿色经济发展过程中践行"绿水青山就是金山银山"理论的相关政策和实践经验。最后，本章通过分析发达国家和国内主要省份发展绿色经济的先进经验，总结出供给侧结构性改革的大背景下辽宁省全面推进绿色经济发展的相关启示：在政策法规方面，辽宁省应逐步制定和完善与绿色经济发展相关的政策法规，为绿色经济发展提供规范有序的制度环境；在市场激励方面，辽宁省应综合利用各种政策工具，完善市场激励机制，引导资金向绿色产业倾斜，以市场的导向作用保障绿色经济的持续推进；在技术创新方面，辽宁省应加大绿色科技创新的研发支持力度，完善绿色科技创新的管理体制，为绿色经济的发展提供强大的技术支撑和科技驱动；在文化宣传方面，辽宁省应加强对绿色经济的宣传力度，提升企业的节能环保意识，增强公众建设生态文明的使命感，营造全社会自觉参与环境保护和节能减排的绿色文化氛围。

第四章 辽宁省绿色经济发展的现状分析

　　近年来，辽宁省通过供给侧结构性改革加大经济能源、文化科技和制度体系的绿色供给，积极培育发展绿色产业、扩大绿色就业、提高绿色投融资力度，有效促进了绿色经济的发展。与此同时，辽宁省在绿色经济发展过程中面临诸多有待解决的困难和挑战也逐渐引发各方学者和政策部门的高度关注。绿色经济的发展不仅是辽宁省构建"两型社会"和推进生态文明建设的需要，更是辽宁省提升产业竞争力、促进经济可持续发展的需要。因此，本章分别从经济增长、社会发展、环境资源和政策支持四个方面来分析辽宁省绿色经济发展的现状。

第一节　经济增长方面

　　从辽宁省整体状况来看，在经济增长方面，如图4.1所示，城镇居民人均可支配收入稳步上升，从2013年的25578元上升至2017年的34993元。人均生产总值则呈现波动中回升的趋势，从2013年的62068元下降至2016年的49990元，之后回升至2017年的53527元。城镇登记失业率则略微上升，从2013年的3.4%上升至2017年的3.8%。从总体上看，随着供给侧结构性改革的不断推进，辽宁省经济平稳增长，呈现出稳中有进和稳中向好的趋势。

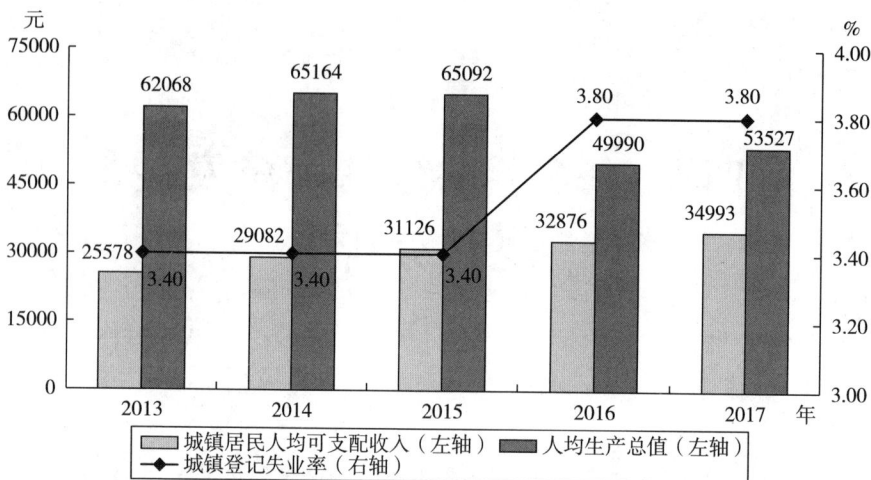

图 4.1　2013—2017 年辽宁省经济增长方面相关指标走势①

　　从辽宁省内的 14 座城市各自的状况来看，在城镇居民人均可支配收入这个指标上，如图 4.2 所示，各城市城镇居民人均可支配收入均呈现稳步上升趋势，沈阳和大连的城镇居民人均可支配收入显著高于其他城市。以 2017 年数据为例，沈阳的城镇居民人均可支配收入最高，铁岭的城镇居民人均可支配收入最低，分别为 41359 元和 23337 元，相差将近 1 倍。在人均生产总值这个指标上，如图 4.3 所示，各城市人均生产总值均在经历了 2016 年的下降之后，2017 年开始回升，大连和盘锦的人均生产总值显著高于其他城市。以 2017 年数据为例，大连的人均生产总值最高，铁岭的人均生产总值最低，分别为 100033 元和 22484 元，相差近 4 倍。在城镇登记失业率这一指标上，如图 4.4 所示，大连、本溪、丹东、锦州、辽阳和盘锦的城镇登记失业率呈现波动中下降趋势，沈阳和鞍山的城镇登记失业率基本与前两年持平，其余城市的城镇登记失业率则呈现波动中略微上升的趋势。以 2017 年数据为例，葫芦岛的城镇登记失业率最高，大连的城镇登记

---

　　① 辽宁省和省内 14 座城市在经济增长方面相关指标的原始数据来源于辽宁统计信息网（www. ln. stats. gov. cn）以及各城市相关年份的统计年鉴和统计公报。

失业率最低，分别为4.75%和2.43%，相差近1倍。

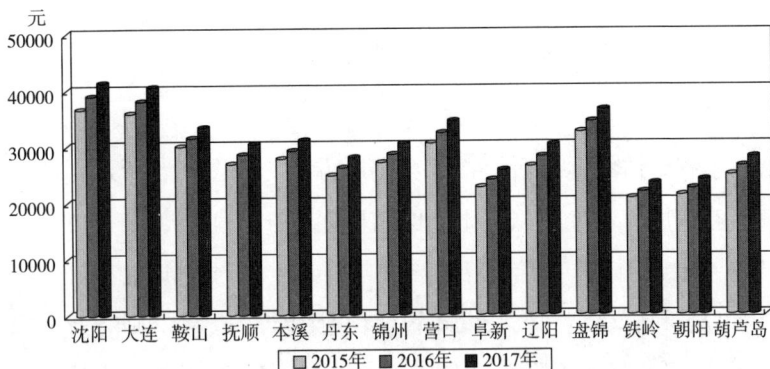

图 4.2 2015—2017 年辽宁省各城市城镇居民人均可支配收入

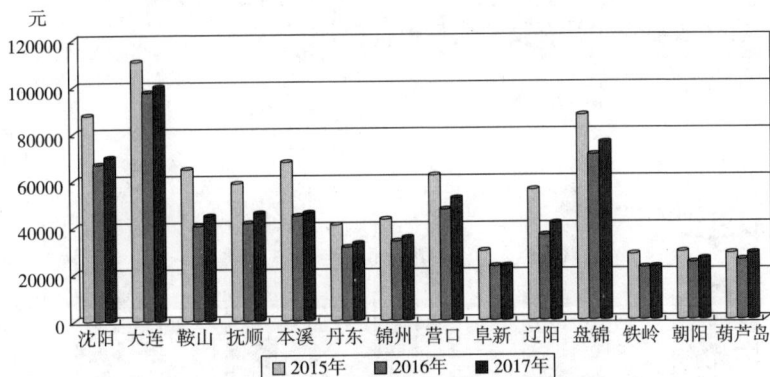

图 4.3 2015—2017 年辽宁省各城市人均生产总值

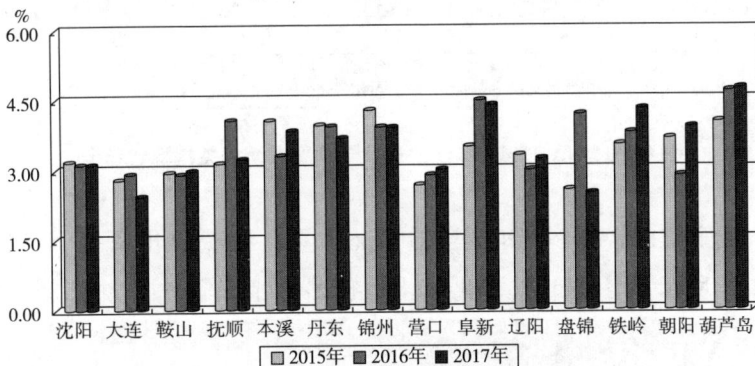

图 4.4 2015—2017 年辽宁省各城市城镇登记失业率

第二节　社会发展方面

从辽宁省整体状况来看，在社会发展方面，如图 4.5 所示，城镇化率和第三产业增加值占生产总值比重均稳步上升，分别从 2013 年的 66.45% 和 40.7%，上升至 2017 年的 67.49% 和 52.6%。与此同时，受经济下行压力的影响，水利、环境和公共设施管理行业固定资产投资则有所下降，从 2013 年的 2145.9 亿元下降至 2017 年的 449.47 亿元。从总体上看，随着供给侧结构性改革的不断推进，辽宁省供给侧结构性改革对社会发展的积极效应正在逐步显现，社会发展质量稳步提升。

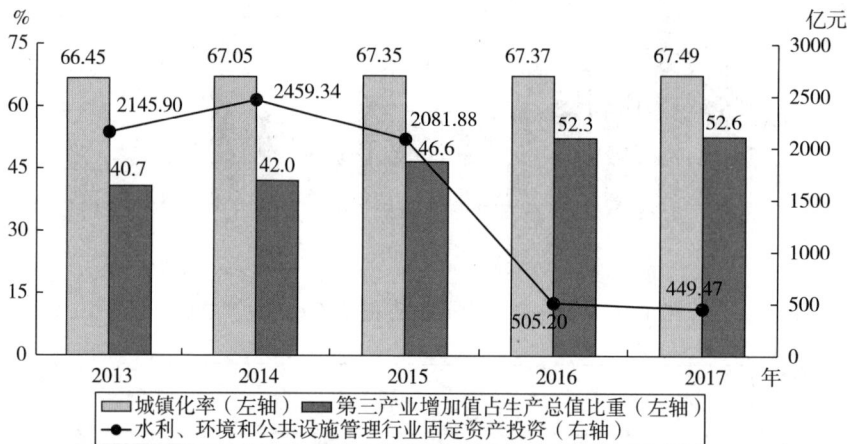

图 4.5　2013—2017 年辽宁省社会发展方面相关指标走势①

从辽宁省内 14 座城市各自的情况来看，在城镇化率这个指标上，如图 4.6 所示，各城市城镇化率均呈现略微上升趋势，沈阳和本溪的

① 辽宁省和省内 14 座城市在社会发展方面相关指标的原始数据来源于辽宁统计信息网（www. ln. stats. gov. cn）以及各城市相关年份的统计年鉴和统计公报。

城镇化率显著高于其他城市。以 2017 年数据为例，沈阳的城镇化率最高，朝阳的城镇化率最低，分别为 80.5% 和 45.5%，相差近 1 倍。在第三产业增加值占生产总值比重这个指标上，如图 4.7 所示，大多数城市第三产业增加值占生产总值比重呈现出显著上升的趋势，沈阳和鞍山的第三产业增加值占生产总值比重显著高于其他城市。以 2017 年数据为例，沈阳的第三产业增加值占生产总值比重最高，抚顺的第三产业增加值占生产总值比重最低，分别为 57.8% 和 41.1%。在水利、环境和公共设施管理行业固定资产投资这个指标上，如图 4.8 所示，受经济下行压力的影响，除丹东和葫芦岛以外，各城市在水利、环境和公共设施管理行业固定资产投资均呈现下降趋势，大连和沈阳在水利、环境和公共设施管理行业固定资产投资显著高于其他城市。以 2017 年数据为例，大连在水利、环境和公共设施管理行业固定资产投资最高，辽阳在水利、环境和公共设施管理行业固定资产投资最低，分别为 166.83 亿元和 4.86 亿元，相差 30 多倍。

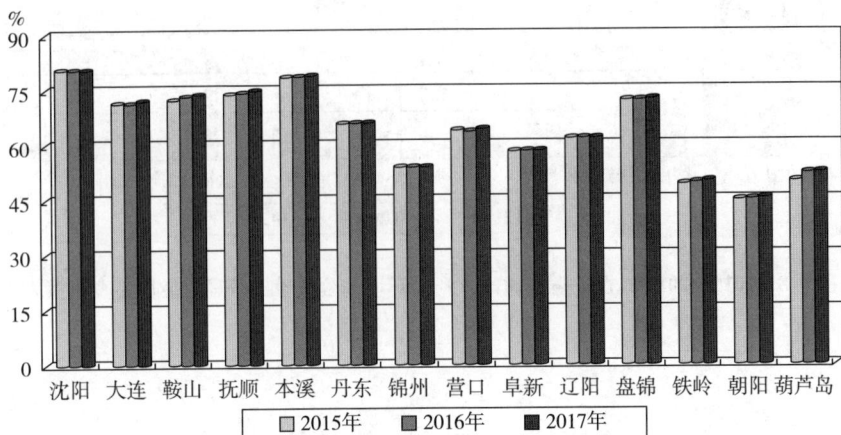

图 4.6 2015—2017 年辽宁省各城市城镇化率

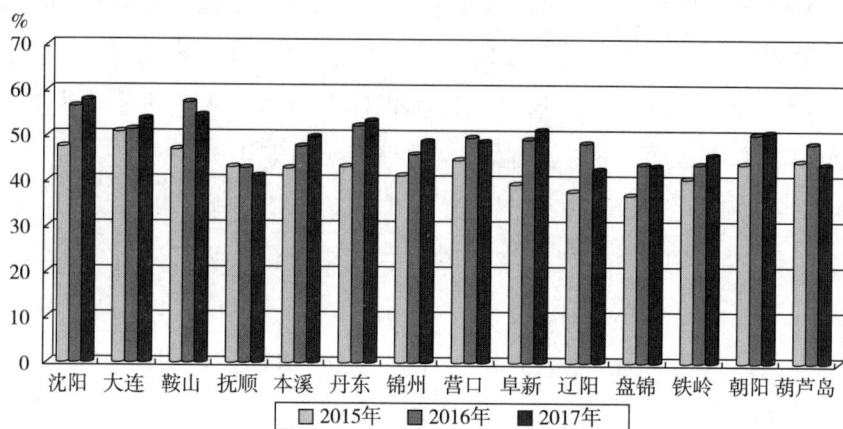

图 4.7 2015—2017 年辽宁省各城市第三产业增加值占生产总值比重

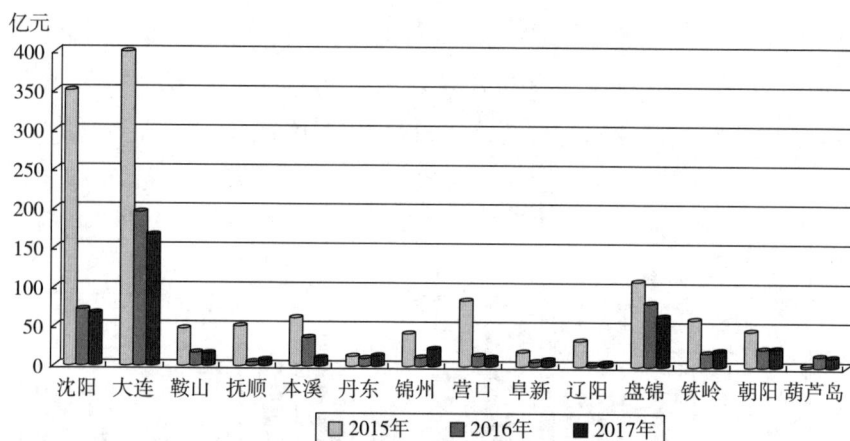

图4.8 2015—2017 年辽宁省各城市水利、环境和公共设施管理行业固定资产投资

第三节 环境资源方面

从辽宁省整体状况来看，在环境资源方面，如图4.9所示，辽宁省人均公园绿地面积和人均城市道路面积均呈现波动中上升的趋势，其中，人

均公园绿地面积从 2013 年的 11.06 平方米上升至 2017 年的 11.87 平方米，人均城市道路面积从 2013 年的 12.09 平方米上升至 2017 年的 13.52 平方米。全年天然气供气总量呈现大幅上升的趋势，从 2013 年的 9.8 亿立方米上升至 2017 年的 32.86 亿立方米。从总体上看，随着供给侧结构性改革的不断推进，辽宁省全面加强生态文明建设取得显著效果，环境质量得到明显改善，资源利用水平总体显著提高。

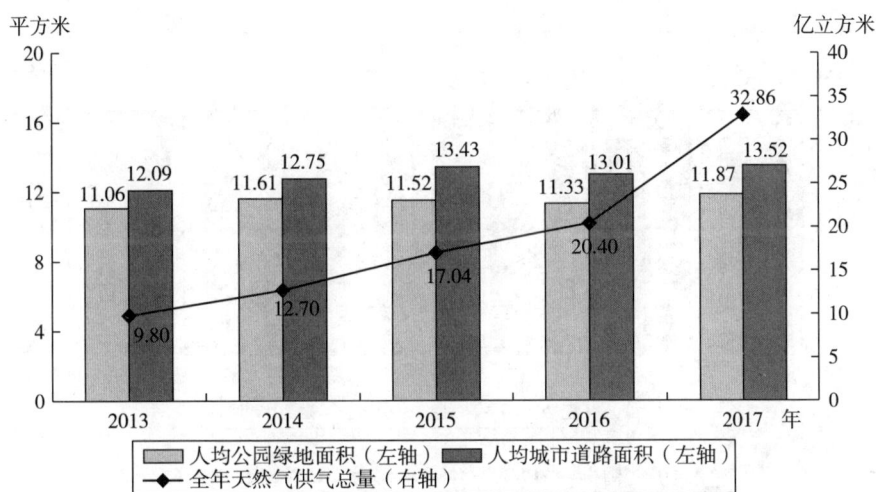

图 4.9　2013—2017 年辽宁省环境资源方面相关指标走势①

　　从辽宁省内 14 座城市各自的情况来看，在人均公园绿地面积这个指标上，如图 4.10 所示，大多数城市人均公园绿地面积呈现波动中回升的趋势，葫芦岛和锦州的人均公园绿地面积显著高于其他城市。以 2017 年数据为例，葫芦岛的人均公园绿地面积最大，铁岭的人均公园绿地面积最小，分别为 13.97 平方米和 10.06 平方米。在人均城市道路面积这个指标上，如图 4.11 所示，大多数城市人均城市道路面积呈现波动中回升趋势，营口和辽阳的人均城市道路面积显著高于其他城市。以 2017 年数据为例，营口

---

　　① 辽宁省和省内 14 座城市在环境资源方面相关指标的原始数据来源于辽宁统计信息网（www. ln. stats. gov. cn）以及各城市相关年份的统计年鉴和统计公报。

的人均城市道路面积最大，葫芦岛的人均城市道路面积最小，分别为 17.59 平方米和 6.26 平方米，相差近 2 倍。在全年天然气供气总量这个指标上，如图 4.12 所示，大多数城市呈现大幅上升的趋势，沈阳和抚顺的全年天然气供气总量显著高于其他城市。以 2017 年数据为例，沈阳的全年天然气供气总量最多，朝阳的全年天然气供气总量最少，分别为 87480 万立方米和 2555 万立方米，相差 30 多倍。

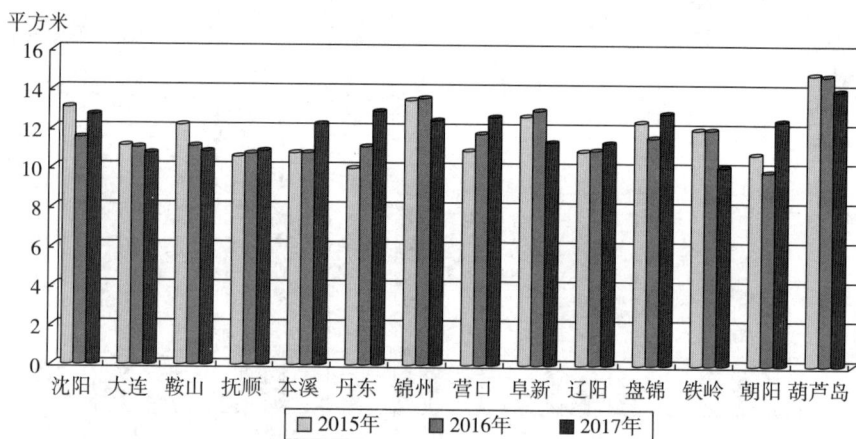

图 4.10　2015—2017 年辽宁省各城市人均公园绿地面积

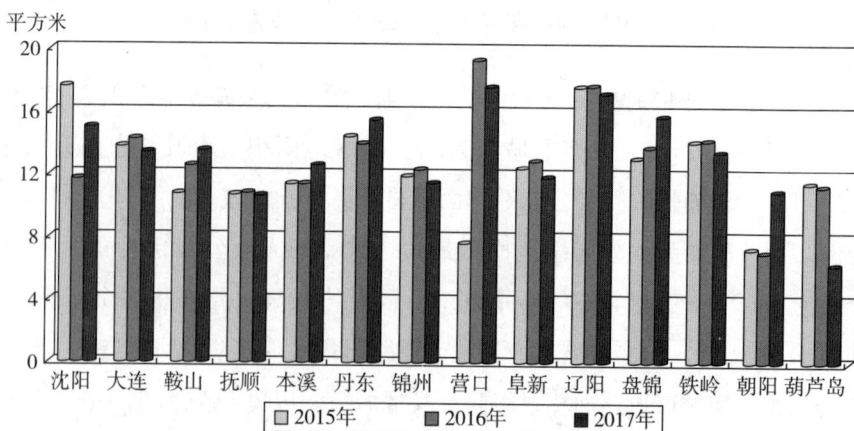

图 4.11　2015—2017 年辽宁省各城市人均城市道路面积

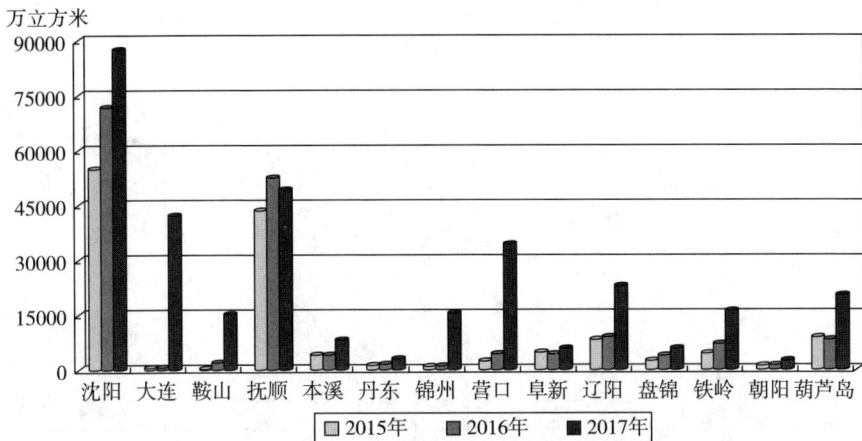

图 4.12　2015—2017 年辽宁省各城市全年天然气供气总量

第四节　政策支持方面

从辽宁省整体状况来看，在政策支持方面，如图 4.13 所示，辽宁省城市污水日处理能力呈现稳步上升趋势，从 2013 年的 748.2 万立方米上升至 2017 年的 880.9 万立方米。与此同时，受经济下行压力的影响，节能环保公共财政预算支出和工业固体废物综合利用率则在波动中略有下降，分别从 2013 年的 108.59 亿元和 43.8% ，下降至 2017 年的 106.53 亿元和 39.1% 。从总体上看，随着供给侧结构性改革的不断推进，辽宁省对发展绿色经济的政策支持力度有所加大，资源利用效率显著提升，有效推动了经济的绿色转型。

从辽宁省内 14 座城市各自的情况来看，在城市污水日处理能力这个指标上，如图 4.14 所示，大多数城市污水日处理能力呈现上升趋势，沈阳和大连的污水日处理能力显著高于其他城市。以 2017 年数据为例，沈阳的污水日处理能力最强，盘锦的污水日处理能力最弱，分别为 226.8 万立方米和

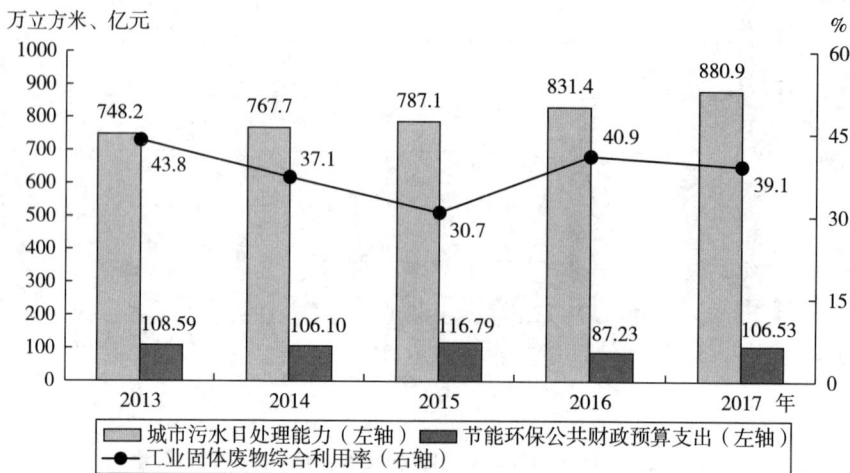

图 4.13　2013—2017 年辽宁省政策支持方面相关指标走势①

22 万立方米，相差近 10 倍。在节能环保公共财政预算支出这个指标
上，如图 4.15 所示，大多数城市节能环保公共财政预算支出呈现波动
中回升的趋势，沈阳和大连的节能环保公共财政预算支出显著高于其
他城市。以 2017 年数据为例，沈阳在节能环保公共财政预算支出最
高，辽阳在节能环保公共财政预算支出最低，分别为 328241 万元和
11203 万元，相差近 30 倍。在工业固体废物综合利用率这个指标上，
如图 4.16 所示，大多数城市工业固体废物综合利用率呈现波动中回升
的趋势，大连和营口的工业固体废物综合利用率显著高于其他城市。
以 2017 年数据为例，大连的工业固体废物综合利用率最高，丹东的固
体废物综合利用率最低，分别为 95.16% 和 13.89%，相差近 6 倍。

---

① 辽宁省和省内 14 座城市在政策支持方面相关指标的原始数据来源于辽宁统计信息网
（www.ln.stats.gov.cn）以及各城市相关年份的统计年鉴和统计公报。

万立方米

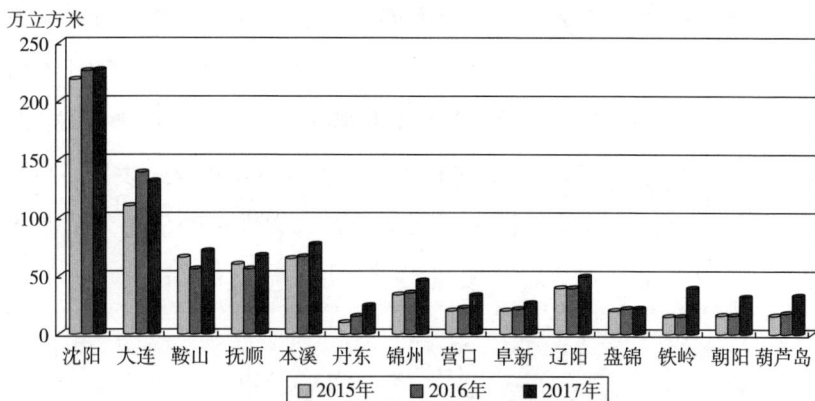

图 4.14 2015—2017 年辽宁省各城市污水日处理能力

万元

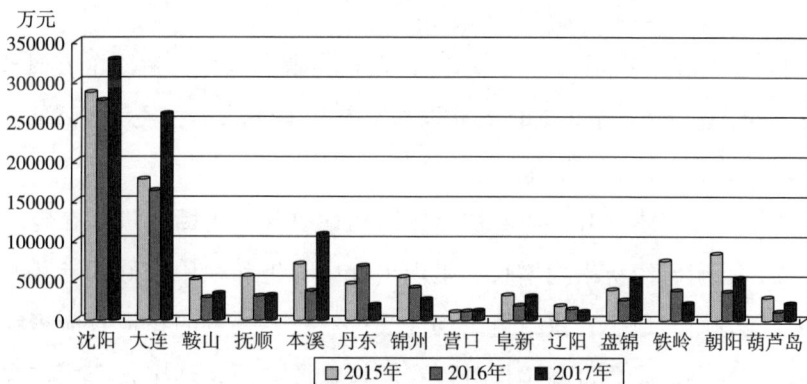

图 4.15 2015—2017 年辽宁省各城市节能环保公共财政预算支出

%

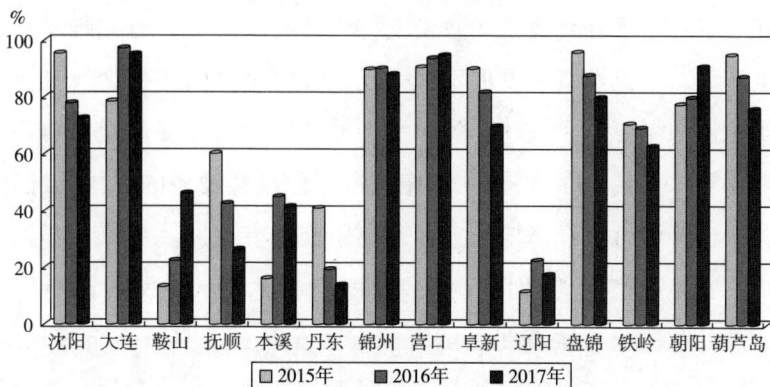

图 4.16 2015—2017 年辽宁省各城市工业固体废物综合利用率

综上所述，从经济增长、社会发展、环境资源和政策支持四个方面看，随着供给侧结构性改革的不断推进，辽宁省绿色经济发展水平在波动中不断提升。但是从省内 14 座城市的具体状况来看，各城市之间绿色经济发展水平存在着明显的客观差距，这说明受省内各城市经济发展、资源禀赋、区位优势和扶持政策等因素的影响，辽宁省绿色经济的发展是不均衡的。

第五节　本章小结

本章分别从经济增长、社会发展、环境资源和政策支持四个方面来分析辽宁省绿色经济发展的总体现状以及省内 14 座城市绿色经济发展的具体现状，并通过综合分析得出相关结论。

首先，从总体上看，随着供给侧结构性改革的不断推进，在经济增长方面，辽宁省经济平稳增长，呈现出稳中有进和稳中向好的趋势；在社会发展方面，辽宁省供给侧结构性改革对社会发展的积极效应正在逐步显现，社会发展质量稳步提升；在环境资源方面，辽宁省全面加强生态文明建设取得显著效果，资源利用水平总体显著提高；在政策支持方面，辽宁省对发展绿色经济的政策支持力度有所加大，有效推动了经济的绿色转型。绿色经济的发展不仅是辽宁省构建"两型社会"和推进生态文明建设的需要，更是辽宁省推进产业转型升级，促进经济可持续发展的重要支撑。其次，从省内 14 座城市绿色经济发展的具体状况来看，沈阳和大连等城市在经济增长方面和政策支持方面发展水平明显高于其他城市，本溪和鞍山等城市在社会发展方面发展水平明显高于其他城市，葫芦岛和抚顺等城市在环境资源方面发展水平明显高于其他城市，各城市之间绿色经济发展水平存在着显著的客观差距。最后，本章通过对辽宁省绿色经济发展的总体状况和省内 14 座城市绿色经济发展的具体状况的综合分析得出结论：随着供给侧结构性改革的不断推进，辽宁省绿色经济发展水平在波动中不断提升。但受省内各城市经济发展、资源禀赋、区位优势和扶持政策等因素的影响，辽宁省绿色经济的发展是不均衡的。

第五章 辽宁省绿色经济发展
绩效水平的动态因子分析评估

我们通过对辽宁省绿色经济发展现状进行初步判断可以得知：随着供给侧结构性改革的推进，尽管辽宁省绿色经济发展水平在不断提高，但是辽宁省绿色经济的发展是不均衡的。因此，本章运用动态因子分析法分别从经济增长、社会发展、环境资源和政策支持四个方面选取影响绿色经济发展相关指标对辽宁省绿色经济发展的绩效水平进行实证分析，这不仅能够对辽宁省 14 座城市绿色经济发展绩效水平进行横向对比分析，还能反映出省内 14 座城市绿色经济发展绩效水平的纵向动态变化趋势。

第一节 动态因子分析法简介

动态因子分析法是一种多元统计分析方法，它于 1978 年由 Coppi 和 Zannella 首次提出，之后又被 Coppi 和 Corazziari 进一步完善。该方法综合考虑了样本、变量和时间三个因素，通过将主成分分析得到的横截面分析结果和线性回归模型得到的时间序列分析结果进行综合分析，进而得出相对可靠的结论，属于三维列阵的统计分析方法。[①] 该方法的具体步骤主要

---

① 王飞，黄璨. 基于动态因子分析法的中部六省省会城市竞争力比较与分析 [J]. 特区经济，2013（4）：25－28.

包括:

第一,对所有变量 X_i 进行标准化处理: $Z_i = \dfrac{X_i - \mu_i}{\sigma_i}$。

第二,根据各年份的协方差矩阵 $S(t)$ 求解平均协方差矩阵 $S_T = \dfrac{1}{T} \times \sum_{t=1}^{T} S_t$,以综合反映数据静态结构差异和动态变化的影响。

第三,求解平均协方差矩阵 S_T 的特征值和特征向量,以及各个公因子的方差贡献率和累计方差贡献率。

第四,确定提取公因子的数量,求出旋转后的因子载荷矩阵。

第五,计算出各样本的静态得分矩阵: $c_{ih} = (\bar{z}_i - \bar{z}_.) \times \alpha_h$。其中: $\bar{z}_i = \dfrac{1}{T} \times \sum_{t=1}^{T} z_{it}$ 为单个样本的平均向量; $\bar{z}_. = \dfrac{1}{I} \times \sum_{i=1}^{I} \bar{z}_i$ 为总体平均向量; $i = 1, 2, \cdots, I; t = 1, 2, \cdots, T$。

第六,计算出各样本在第 t 年的动态得分: $c_{iht} = (z_{it} - \bar{z}_{.t})' \times \alpha_h, (h = 1, 2, \cdots, k; t = 1, 2, \cdots, T)$。其中, $\bar{z}_{.t} = \dfrac{1}{I} \times \sum_{i=1}^{I} z_{it}$ 为第 t 年各指标的平均值。

第七,计算各样本的综合平均得分: $E = \dfrac{1}{T} \times \sum_{t=1}^{T} c_{iht}$, c_{iht} 是第 t 年各样本的动态得分。

第二节 指标体系的建立和数据的处理

本章在参考了国内外大多数学者研究成果的基础上,考虑系统性、科学性和层次性,并兼顾辽宁省各城市绿色经济发展的特点和数据的可得性,通过汇总高频指标、借鉴国际权威机构和结合区域实际状况的方法,分别从经济增长、社会发展、环境资源和政策支持四个方面选取如表 5.1

所示的 16 个指标综合构建辽宁省绿色经济发展绩效评价指标体系，以客观衡量辽宁省内 14 座城市绿色经济发展绩效。

表 5.1　　辽宁省绿色经济发展绩效评价指标体系（基于动态因子分析法）

指标性质	指标名称	单位	代码
经济增长	人均生产总值	元	X_1
	城镇居民人均可支配收入	元	X_2
	地方公共财政预算收入	万元	X_3
	城镇登记失业率	%	X_4
社会发展	城镇化率	%	X_5
	第三产业增加值占生产总值比重	%	X_6
	水利、环境和公共设施管理行业固定资产投资	万元	X_7
	研究与试验发展（R&D）经费支出	亿元	X_8
环境资源	人均公园绿地面积	平方米	X_9
	人均城市道路面积	平方米	X_{10}
	全年天然气供气总量	万立方米	X_{11}
	废气治理设施	套	X_{12}
政策支持	工业固体废物综合利用率	%	X_{13}
	城市污水日处理能力	万立方米	X_{14}
	节能环保公共财政预算支出	万元	X_{15}
	每十万人口高等学校平均在校生人数	人	X_{16}

为了客观有效地评价供给侧结构性改革实施以来辽宁省内各城市绿色经济发展绩效水平的变化，本章选取了 2013—2017 年，辽宁省内 14 座城市的相关数据，并采用计量经济学软件 EViews 9.0 进行动态因子分析。其中 2013—2016 年的原始数据来源于辽宁统计信息网上 2014—2017 年的《辽宁省统计年鉴》和各城市的统计年鉴，2017 年的原始数据来源于辽宁统计信息网上《2017 年辽宁省国民经济和社会发展统计公报》以及 2017 年各城市的《国民经济和社会发展统计公报》。此外，在进行实证分析之前，我们为了消除各变量之间由于量纲差异而造成的影响，对所有变量依据 $Z_i = \dfrac{X_i - \mu_i}{\sigma_i}$ 进行标准化处理。其中，μ_i 和 σ_i 分别为该变量的期望和标准差。

第三节 沈阳市绿色经济发展的绩效评估[①]

一、公因子的提取

我们可以分别根据碎石图和主成分分析法来决定公因子的提取个数。一方面，我们可以通过碎石图中的特征值来决定提取公因子的个数，如图5.1所示，前四个公因子的特征值较大，均大于1；第五个公因子之后的特征值开始迅速变小，均小于1，这说明提取4个公因子是比较恰当的。另一方面，我们根据主成分法对上述指标进行公因子的提取，如表5.2所示，前四个公因子的累计贡献率达到96.06%，满足累积贡献率大于85%的标准，可以较好地反映沈阳市绿色经济发展的绩效水平，因此综合碎石成分图和主成分分析两种方法决定提取4个公因子。

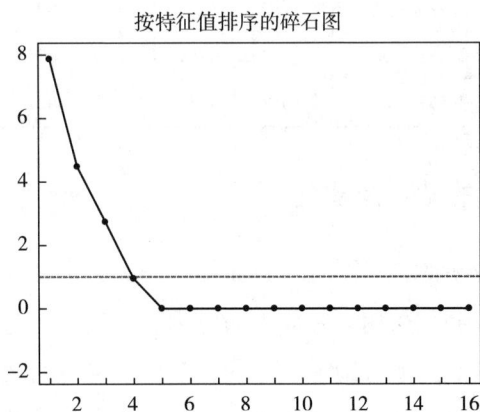

按特征值排序的碎石图

图5.1 碎石图

---

① 我们以沈阳市数据为例来计算2013—2017年绿色经济发展绩效水平的得分，省内其他城市这五年绿色经济发展绩效得分的计算过程和步骤与此相同。

表5.2 主成分分析的结果

公因子个数	特征值	方差	贡献率	累积贡献率
1	7.390069	3.392302	0.4913	0.4913
2	4.397766	2.735020	0.2116	0.7029
3	2.627952	1.423679	0.1299	0.8328
4	1.018714	0.124032	0.1278	0.9606
5	0.314321	0.247341	0.0365	0.9971
6	0.137208	0.069024	0.0027	0.9998
7	0.074208	0.035064	0.0001	0.9999
8	0.029762	0.010113	0.0001	1.0000
9	9.23E − 16	7.31E − 16	0.0000	1.0000
10	7.26E − 16	5.84E − 16	0.0000	1.0000
11	6.01E − 16	4.73E − 16	0.0000	1.0000
12	4.64E − 16	3.17E − 16	0.0000	1.0000
13	5.93E − 17	3.56E − 17	0.0000	1.0000
14	3.28E − 17	1.92E − 17	0.0000	1.0000
15	2.18E − 17	1.06E − 17	0.0000	1.0000
16	3.97E − 18	0.85E − 17	0.0000	1.0000

二、旋转后的载荷矩阵

在进行因子分析时,为了进一步获知每个公因子的实际意义,以便进行进一步的分析,我们采用方差最大法对因子载荷矩阵进行正交旋转,以有效解决原始变量载荷值区别不明显导致公因子实际含义模糊的问题,得到旋转后的因子载荷矩阵,如表5.3所示。从表5.3中我们可以看出,经济增长指标 X_1、X_2、X_3、X_4 在第一个公因子 F_1 上具有较高的载荷,因此,因子 F_1 主要代表沈阳市绿色经济发展绩效的经济增长指标。环境资源指标 X_9、X_{10}、X_{11}、X_{12} 在第二个公因子 F_2 上具有较高的载荷,因此,因子 F_2 主要代表沈阳市绿色经济发展绩效的环境资源指标。社会发展指标 X_5、

X_6、X_7、X_8 在第三个公因子 F_3 上具有较高的载荷，因此，因子 F_3 主要代表沈阳市绿色经济发展绩效的社会发展指标。政策支持指标 X_{13}、X_{14}、X_{15}、X_{16} 在第四个公因子 F_4 上具有较高的载荷，因此，因子 F_4 主要代表沈阳市绿色经济发展绩效的政策支持指标。

表5.3　　　　　　　　　旋转后的因子载荷矩阵

指标性质	指标名称和代码	F_1	F_2	F_3	F_4
经济增长指标	人均生产总值（X_1）	0.875606	−0.036650	0.151158	0.093213
	城镇居民人均可支配收入（X_2）	0.813108	0.214722	0.120627	0.073748
	地方公共财政预算收入（X_3）	0.764722	0.175864	0.248793	−0.011353
	城镇登记失业率（X_4）	0.696401	0.147016	0.041823	0.218308
社会发展指标	城镇化率（X_5）	−0.159822	0.235973	0.672683	0.386776
	第三产业增加值占生产总值比重（X_6）	0.129856	0.252709	0.809657	0.060439
	水利、环境和公共设施管理行业固定资产投资（X_7）	0.320475	0.027931	0.643428	0.166044
	研究与试验发展（R&D）经费支出（X_8）	−0.124656	0.451946	0.540426	0.294269
环境资源指标	人均公园绿地面积（X_9）	0.288961	0.629537	0.396452	−0.168374
	人均城市道路面积（X_{10}）	0.178468	0.589371	0.417982	0.156782
	全年天然气供气总量（X_{11}）	0.115120	0.723592	0.187204	0.285401
	废气治理设施（X_{12}）	0.374086	0.705723	−0.200167	0.196753
政策支持指标	工业固体废物综合利用量（X_{13}）	0.301781	0.044315	0.121578	0.835617
	城市污水日处理能力（X_{14}）	0.096271	0.153794	0.386491	0.596387
	节能环保公共财政预算支出（X_{15}）	0.437942	−0.269217	0.216948	0.643772
	每十万人口高等学校平均在校生人数（X_{16}）	0.159102	0.287965	0.108797	0.719585

三、因子得分

我们可以依据稳定的因子旋转结果得到因子系数得分矩阵，如表5.4所示，并进一步根据因子得分系数矩阵分别写出旋转后因子 F_1、F_2、F_3

和 F_4 的得分表达式。

表 5.4　　　　　　　　　　因子得分系数矩阵

指标性质	指标名称和代码	F_1	F_2	F_3	F_4
经济增长指标	人均生产总值（X_1）	0.374216	0.122437	-0.092645	0.118176
	城镇居民人均可支配收入（X_2）	0.437875	-0.109364	0.084467	-0.218963
	地方公共财政预算收入（X_3）	0.214903	-0.162318	0.235762	0.016963
	城镇登记失业率（X_4）	0.193667	0.162796	-0.151148	-0.087270
社会发展指标	城镇化率（X_5）	-0.101098	0.219162	0.305184	-0.254163
	第三产业增加值占生产总值比重（X_6）	0.157061	-0.164719	0.261376	-0.136907
	水利、环境和公共设施管理行业固定资产投资（X_7）	-0.216139	0.142671	0.326321	0.082142
	研究与试验发展（R&D）经费支出（X_8）	0.106329	-0.135257	0.189675	0.076291
环境资源指标	人均公园绿地面积（X_9）	-0.084228	0.263647	-0.192136	0.221521
	人均城市道路面积（X_{10}）	0.108108	0.204561	-0.182239	-0.067049
	全年天然气供气总量（X_{11}）	0.189762	0.225967	-0.042375	-0.179824
	废气治理设施（X_{12}）	-0.260351	0.284627	0.106327	0.092347
政策支持指标	工业固体废物综合利用量（X_{13}）	-0.132764	-0.179381	0.209468	0.229463
	城市污水日处理能力（X_{14}）	0.032165	0.070628	-0.263819	0.361257
	节能环保公共财政预算支出（$X15$）	-0.216726	0.146161	-0.137320	0.332864
	每十万人口高等学校平均在校生人数（X_{16}）	0.093904	-0.201965	0.213657	0.268482

$F_1 = 0.374216X_1 + 0.437875X_2 + 0.214903X_3 + \cdots - 0.216726X_{15} + 0.093904X_{16}$

$F_2 = 0.122437X_1 - 0.109364X_2 - 0.162318X_3 + \cdots + 0.146161X_{15} - 0.201965X_{16}$

$F_3 = -0.092645X_1 + 0.084467X_2 + 0.235762X_3 - \cdots - 0.137320X_{15} + 0.213657X_{16}$

$$F_4 = 0.118176X_1 - 0.218963X_2 + 0.016963X_3 - \cdots + 0.332864X_{15} +$$

$$0.268482X_{16}$$

在此基础上，我们以这四个因子的方差贡献率作为权重，将这四个因子得分进行加权计算得到沈阳市绿色经济发展绩效水平的总得分 T，其计算公式为：$T = 0.4913 \times F_1 + 0.2116 \times F_2 + 0.1299 \times F_3 + 0.1278 \times F_4$，根据静态因子得分计算出沈阳市绿色经济发展绩效水平的动态得分。

第四节　辽宁省各城市绿色经济发展的绩效评估与结果分析

我们通过重复上述步骤和过程还可以计算出大连、鞍山、抚顺、本溪、丹东、锦州、营口、阜新、辽阳、盘锦、铁岭、朝阳、葫芦岛这13座城市在2013—2017年绿色经济发展绩效水平的动态得分，并将这五年的平均得分记为平均综合得分，作为该城市绿色经济发展绩效水平综合排名的依据，以对省内14座城市绿色经济发展绩效水平进行综合排名，如表5.5所示。在此基础上，我们还可以通过图5.2、图5.3和图5.4，更加直观地对这些城市绿色经济发展绩效水平进行纵向和横向的比较分析。

表5.5　辽宁省14座城市绿色经济发展绩效水平综合得分和排名

城市	2013 年	2014 年	2015 年	2016 年	2017 年	平均综合得分	综合排名
沈阳	2.3686	2.3893	2.6369	2.7681	2.8923	2.6110	1
大连	2.2931	2.6195	2.3672	2.6538	3.0726	2.6012	2
本溪	1.4663	1.5287	1.6367	2.3829	3.0016	2.0032	3
鞍山	1.0673	1.2781	1.5612	1.9942	2.1739	1.6149	4
抚顺	0.6841	1.1327	1.3063	1.2379	1.3365	1.1395	5
盘锦	0.7398	0.6737	0.6226	0.7611	0.8237	0.7242	6
丹东	0.5239	0.5624	0.3237	0.3792	0.6314	0.4841	7

◎ 辽宁省绿色经济发展的绩效评估与推进机制研究

城市	2013 年	2014 年	2015 年	2016 年	2017 年	平均综合得分	综合排名
锦州	0.3139	0.3843	−0.0891	0.2319	0.3412	0.2364	8
辽阳	−0.3628	0.1169	0.0615	−0.0862	−0.4226	−0.1386	9
阜新	−0.2261	−0.3629	−0.1726	−0.0271	−0.4553	−0.2488	10
营口	−1.8329	−1.4237	−1.5308	−0.8297	−0.5128	−1.2260	11
葫芦岛	−2.2546	−1.2294	0.1521	−1.9337	−2.0014	−1.4534	12
朝阳	−2.0273	−2.2141	−1.6563	−1.3365	−2.1017	−1.8672	13
铁岭	−2.1179	−2.1283	−2.0378	−2.3131	−2.1971	−2.1588	14

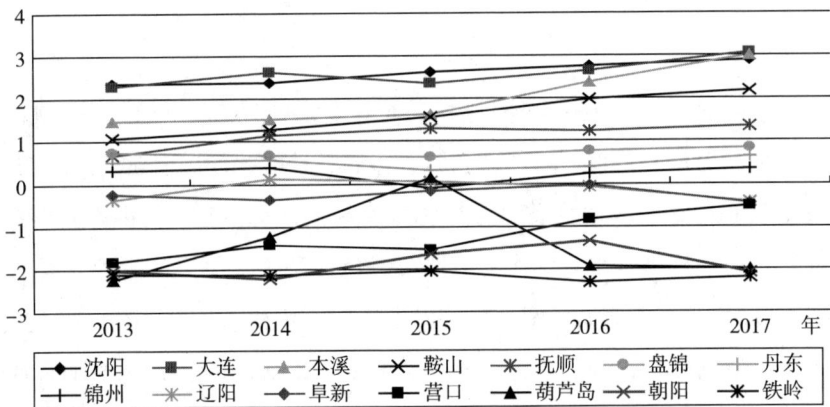

图 5.2 2013—2017 年辽宁省各城市绿色经济发展绩效水平得分

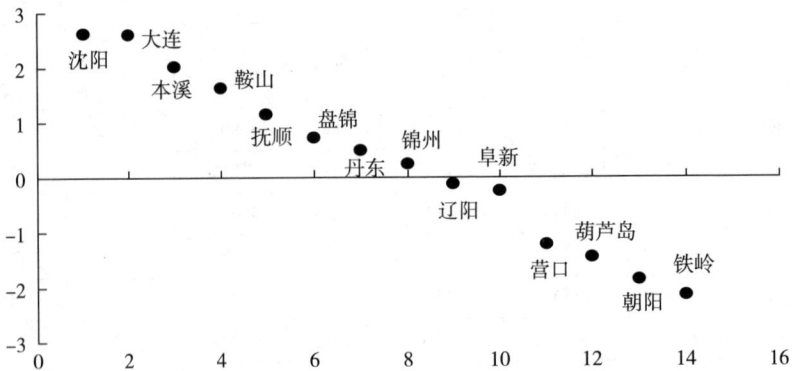

图 5.3 2013—2017 年辽宁省各城市绿色经济发展绩效水平综合得分排名

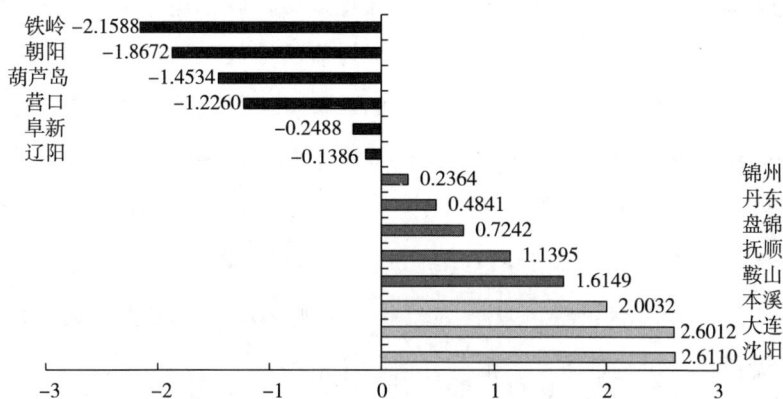

图 5.4　2013—2017 年辽宁省各城市绿色经济发展绩效水平平均综合得分

总的来看，我们可以根据表 5.5 中 2013—2017 年辽宁省内各城市绿色经济发展绩效水平的平均综合得分将省内 14 座城市分成三类。第一类是沈阳、大连和本溪，它们的平均综合得分远高于其他城市，说明这三座城市绿色经济发展的绩效水平远高于其他城市。第二类是鞍山、抚顺、盘锦、丹东和锦州，它们的平均综合得分为正，说明这些城市绿色经济发展的绩效水平较高。第三类是辽阳、阜新、营口、葫芦岛、朝阳和铁岭，它们的平均综合得分为负，说明这些城市的绿色经济发展绩效水平较低，位于省内平均水平以下。

从纵向比较来看，如图 5.2 所示，2013—2017 年辽宁省大多数城市绿色经济发展的绩效水平呈现上升的趋势，但各城市之间的发展状况存在一定差异。首先，沈阳、鞍山和本溪这些城市绿色经济发展的绩效水平呈现稳步上升的趋势。随着供给侧结构性改革的推进，政府对生态文明建设资金的支持力度逐年增加，对节能环保等绿色产业政策的扶持力度进一步加大，充分带动了这些城市绿色经济的发展，因此，这些城市绿色经济发展的绩效水平一直呈现稳步上升的趋势。其次，大连、抚顺、盘锦、丹东、锦州、营口和葫芦岛这些城市绿色经济发展的绩效水平则呈现出在波动中上升的趋势。随着供给侧结构性改革的推进，这些城市充分依托当地环境资源优势优化产业结构调整，通过加大绿色供给，以绿色产业的发展带动绿色经济的发展。但是这些城市绿色经济发展的绩效水平处于不稳定的上升区间，尽管总体上呈现出波动中上升的趋势，绿色经济发展的绩效水平还是受经济发展下行压力加大的影响而有所下降。这表明这些城市绿色经济发展的绩效水平还有待进一步提升，未来国家绿色产业扶持政策力度的加大会进一步拓展这些城市绿色经济的发展空间。最后，辽阳、阜新、朝阳和铁岭这些城市绿色经济发展的绩效水平则出现了一定程度的下降趋势。随着供给侧结构性改革的推进，这些城市绿色经济发展的绩效水平在沈阳和大连等城市加快推进生态文明建设的示范引领和辐射带动下，呈现小幅上升的趋势，但受经济下行压力加大的影响，绿色经济发展的绩效水平出现了明显的下降，进而导致了绿色经济发展绩效水平的总体下降。这表明这些城市的经济增长和社会发展的基础还相对比较薄弱，与周边城市相比环境资源优势也并不明显，区域绿色产业发展规划和地方政府对绿色经济的调控政策还不够成熟和完善，居民的绿色消费意识相对薄弱，进而导致这些城市绿色经济发展的绩效水平在经济下行压力加大的影响下出现了显著下降的局面。但与此同时，这也表明，未来在辽宁省积极推进绿色"一带一路"建设的进程中，这些城市在经济发展水平、绿色基础设施建设和居民环保意识等方面比较明显的后发优势可能会进一步拓展这些城市绿色经济发展的上升空间，这些城市绿色经济发展的绩效水平可能会随着辽宁绿色"一带一路"建设的不断推进而出现一定程度的提升。

从横向比较来看，2013—2017 年辽宁省各城市绿色发展绩效水平的综合排名如图5.3 和图5.4 所示。首先，沈阳、大连和本溪的绿色经济发展的绩效水平最高。作为省会城市和副省级城市，沈阳和大连的经济增长和社会发展水平较高，政府对绿色经济的调控政策相对比较成熟，居民参与绿色经济的意识较强，因此这两座城市绿色经济发展的绩效水平一直显著高于其他城市。本溪作为辽宁中部城市群中心城市，近年来，在环境资源优势的引领下，随着供给侧结构性改革的不断推进，政府对发展绿色经济的政策扶持和资金支持力度明显加大，因此本溪绿色经济发展的绩效水平迅速提升，已跃升至与沈阳和大连绿色经济发展绩效相接近的水平。其次，鞍山、抚顺、盘锦、丹东和锦州的绿色经济发展绩效水平较高。在"沈阳建设国家中心城市"的辐射带动以及"沿海经济带发展规划"的示范引领下，这些城市的经济增长和社会发展水平不断提升。随着供给侧结构性改革的不断推进，这些城市通过积极优化产业结构调整，培育绿色产业，扩大绿色就业，推进绿色创新，有效促进了绿色经济的发展，因此这些城市绿色经济发展的绩效水平较高。最后，辽阳、阜新、营口、葫芦岛、朝阳和铁岭的绿色经济发展绩效水平较低。尽管近些年在辽宁省积极参与"一带一路"战略规划的有力带动下，这些城市通过供给侧结构性改革加大经济能源、文化科技、制度体系的绿色供给，使绿色经济发展绩效水平得到了一定程度的提升。但由于这些城市的经济发展相对落后，居民参与绿色经济的意识相对薄弱，导致其绿色经济的发展起步相对较晚，绿色基础设施相对薄弱，区域绿色产业发展规划和地方政府对绿色经济的调控政策还不够成熟和完善，因此这些城市绿色经济发展的绩效水平还相对较低。

第五节　本章小结

本章运用动态因子分析法对辽宁省绿色经济发展的绩效水平进行实证分析，并通过对实证结果进行横向对比和纵向对比分析，以客观衡量辽宁省内14座城市绿色经济发展绩效。

首先，本章在简要介绍动态因子分析法相关理论的基础上，通过汇总高频指标、借鉴国际权威机构和结合区域实际状况的方法，分别从经济增长、社会发展、环境资源和政策支持四个方面选取相关指标综合构建辽宁省绿色经济发展绩效评价指标体系。其次，运用动态因子分析法，通过提取公因子、旋转载荷矩阵、计算因子得分和平均综合得分，对 2013—2017 年辽宁省内 14 座城市绿色经济发展绩效水平进行实证分析，并得出结论：随着供给侧结构性改革的不断推进，沈阳、大连和本溪的绿色经济发展绩效水平明显高于省内其他城市；鞍山、抚顺、盘锦、丹东和锦州的绿色经济发展绩效水平较高；辽阳、阜新、营口、葫芦岛、朝阳和铁岭的绿色经济发展绩效水平较低。最后，从经济发展水平、城市化进程和生态资源禀赋等方面对实证结果进行横向对比和纵向对比的相关结论进行解释与分析，以客观衡量辽宁省内 14 座城市绿色经济发展绩效。

第六章　辽宁省绿色经济发展绩效的多 DEA – Gini 准则模型评估

我们通过第五章基于动态因子分析法对辽宁省各城市绿色经济发展绩效水平的评估得知：随着供给侧结构性改革的推进，尽管辽宁省大多数城市绿色经济发展的绩效水平在不断提升，但是省内14座城市绿色经济的发展是不均衡的。因此，本章在动态因子分析指标体系的基础上，建立多DEA – Gini 准则模型的指标体系，基于投入和产出的视角，运用多 DEA – Gini 准则模型分别从全省、区域和城市的视角对辽宁省绿色经济发展的绩效水平进行综合评估分析，这不仅能够在一定程度上进一步验证动态因子分析法的相关结论，还能够从不同地域视角反映辽宁省绿色经济发展绩效水平的总体变化。

第一节　多 DEA – Gini 准则模型介绍

数据包络分析（Data Envelopment Analysis, DEA）是评价具有多个输入和多个输出特征的决策单元（Decision Making Unit, DMU）间相对有效性的有效工具。由于在确定权重时有效避免了人类主观偏好和知识结构等因素的影响，DEA 作为一种重要的非参数绩效评价方法，在许多领域的效率评价问题中都得到广泛的应用。

自 1978 年著名数学家 Charnes 等正式提出首个 DEA 模型—CCR 模型（Charnel，Cooper and Rhode model）以来，不同学者从不同视角推动了DEA 模型的发展。例如，1982 年 Charnel 等提出的加性 DEA 模型，1984年 Banker 等提出的 BCC 模型（Banker，Charnes and Cooper model），1993年 Andersen 和 Petersen 提出的超效率 DEA 模型等。然而，在测算绩效和排序的实际应用过程中，受不同 DEA 模型约束条件不同的影响，运用不同DEA 模型可能得到不同的绩效和排序结果。不同 DEA 模型的绩效和排序结果反映了不同视角的价值信息，依赖单一 DEA 模型进行绩效评估可能导致将重要信息忽略的风险。[①] 为此，将多种 DEA 模型的绩效评价结果按照一定的科学准则有机融合，据此得出唯一的综合绩效评估结果，并据此进行分析，既能够保证绩效评估结果的客观可比性，又能够提升分析结果的可信性，这对于 DEA 方法在实践中的应用是至关重要的。[②] 因此，本书采用了薛晖、郑中华和谢启伟（2014）对我国高校运营绩效进行评估时提出的基于分类回归决策树理论中的 Gini 准则对不同 DEA 模型的绩效评价结果进行融合，分别从全省、区域和城市的视角对辽宁省绿色经济发展的绩效水平进行综合评估。

综合考虑到规模收益不变和可变、投入导向型和产出导向型、径向型和非径向型、有效决策单元的绩效排序等因素，本书最终选取了超效率CCR 模型、投入导向型超效率 BCC 模型、产出导向型超效率 BCC 模型和超效率加性 DEA 模型，将这四种 DEA 模型计算出不同绩效值通过 Gini 准则进行加权进而得到综合绩效值。其具体步骤为：

首先，设计 DEA 模型，计算每种模型下决策单元的绩效值。假设在生产过程中，n 个决策单元，消耗 m 种投入 x_{ij}（$i = 1，2，\cdots，m；j = 1$，

---

① 谢里，王瑾瑾. 中国农村绿色发展绩效的空间差异 [J]. 中国人口·资源与环境，2016（6）：20 – 26.

② 薛晖，郑中华，谢启伟. 基于多种 DEA 模型和 Gini 准则的效率评价方法—兼对我国高校运营绩效的评价 [J]. 中国管理科学，2014（4）：98 – 104.

2，…，n），生产出 s 种产出 y_{rj}（$r=1$，2，…，s；$j=1$，2，…，n），那么对于投入导向型的 CCR 模型来说，对于某个决策单元 DMU_0 的绩效值 E_0 为

$$\max \sum_{m=1}^{s} \mu_r y_{r0} = E_0(M,S)$$

$$\text{s. t.} \begin{cases} \sum_{r=1}^{s} \mu_r y_{rj} - \sum_{i=1}^{m} v_i x_{ij} \leq 0, \forall j \in N \\ \sum_{i=1}^{m} v_i x_{i0} = 1 \\ v_i, \mu_r \geq 0, \forall i \in N, r \in S \end{cases}$$

其中，E_0（M，S）为待评估决策单元 DMU_0 的绩效值；μ_r，v_i 分别是第 r 种产出和第 i 种投入的未知权重。DMU_0 能够在一定约束条件下选择一组最优权重使其绩效值达到最大化。同理，我们可以设计超效率 CCR 模型、投入导向型超效率 BCC 模型、产出导向型超效率 BCC 模型和超效率加性 DEA 模型，并据此计算每种 DEA 模型下决策单元的绩效值。

其次，计算 $Gini$ 系数，定义信息纯度。根据公式 $G = 1 - \sum_{j=1}^{n} p_j^2$，可计算出衡量信息复杂程度的 $Gini$ 系数，其中 $p_j = \dfrac{E_j}{\sum_{j=1}^{n} E_j}, j \in \{1,2,\cdots,$ $n\}$ 为某节点中类别 j 所占比例。一般来说，$Gini$ 系数越大表示信息越复杂，不确定性越大。由于 $0 \leq p_j \leq 1$，因而 $0 \leq G \leq 1$。与此同时，定义信息纯度 $d_t = \sum_{j=1}^{n} p_j^2, j = 1,2,\cdots,n; t = 1,2,\cdots,K$，使信息纯度随不确定性的增大而减小。

最后，将多个 DEA 模型和 $Gini$ 系数相结合，得到 DEA – Gini 模型的绩效值。假设 DEA 模型的数量为 K，第 t 个 DEA 模型的绩效评价结果为 M_t（$t=1$，2，…，K）。若所有 DEA 模型的结果集为 $\Omega = \{M_1, M_2, \cdots, M_K\}$，$DMU_j$ 在 M_t 下的绩效值为 E_{jt}，那么基于所选的 DEA 模型可以得到绩效矩阵为

$$E_{jt(n*K)} = \begin{bmatrix} DMU_1 \\ DMU_2 \\ \vdots \\ DMU_n \end{bmatrix} \times \begin{bmatrix} M_1 & M_2 \cdots M_k \end{bmatrix} = \begin{bmatrix} E_{11} & E_{12} \cdots E_{1K} \\ E_{21} & E_{22} \cdots E_{2K} \\ \vdots & \vdots \ddots \vdots \\ E_{n1} & E_{n2} \cdots E_{nK} \end{bmatrix}$$

在此基础上，根据 $p_j = \dfrac{E_j}{\sum_{j=1}^{n} E_j}(j = 1,2,\cdots,n; t = 1,2,\cdots,K)$ 对绩效

矩阵 E_{jt} 进行归一化处理。再根据 $d_t = \sum_{j=1}^{n} p_j^2, j = 1,2,\cdots,n; t = 1,2,\cdots,$

K 计算 M_t 的信息纯度。通过归一化 d_t 得到第 t 个 DEA 模型 M_t 的权重 $W_t =$

$\dfrac{d_t}{\sum_{t=1}^{K} dt}$ ，$\sum_{t=1}^{K} W_k = 1$ ，并根据 $\rho_j = \sum_{t=1}^{K} W_t \times E_{jt}(j = 1,2,\cdots,n)$ 计算

出多 DEA – Gini 准则模型的唯一的绩效值 $E_j^{Gini}(j = 1,2,\cdots,n)$ 。

第二节　指标体系的建立和数据的处理

在建立多 DEA – Gini 准则模型指标体系过程中，为了保证实证分析结果的可比性，本章在第五章动态因子分析指标体系基础上，兼顾指标数量和样本数量的关系及指标体系的科学性和合理性，将因子分析指标体系进行删减，在经济增长、社会发展、环境资源和政策支持四个方面保留共计 12 个变量，并从投入和产出的角度进行重新归类，建立多 DEA – Gini 准则模型的指标体系，如表 6.1 所示。为了客观有效地评价近几年辽宁省各城市绿色经济发展的绩效水平并与之前动态因子分析的结果进行对比，本章在多 DEA – Gini 准则模型中仍选取 2013—2017 年辽宁省和省内 14 座城市的相关数据进行实证分析，数据来源与前面动态因子分析法的数据来源相同。

表 6.1　　　　　　　　辽宁省绿色经济发展绩效评价指标体系

（基于多 DEA – Gini 准则模型）

指标类别		指标名称（单位）	指标性质
投入指标 （*I*）	资金投入 *I*（*K*）	水利、环境和公共设施管理行业固定资产投资（万元）	社会发展
		节能环保公共财政预算支出（万元）	政策支持
	劳动投入 *I*（*L*）	城镇登记失业率（%）	经济增长
		每十万人口高等学校平均在校生人数（人）	政策支持
	技术投入 *I*（*A*）	研究与试验发展（R&D）经费支出（亿元）	社会发展
		废气治理设施（套）	环境资源
产出指标（*O*）		城镇居民人均可支配收入（元）	经济增长
		城镇化率（%）	社会发展
		第三产业增加值占生产总值比重（%）	社会发展
		人均公园绿地面积（平方米）	环境资源
		工业固体废物综合利用率（%）	政策支持
		城市污水日处理能力（万立方米）	政策支持

第三节　辽宁省绿色经济发展的绩效评估与结果分析

本章运用 MATLAB R2014a 对上述数据进行处理和计算，得到 2013—2017 年辽宁省和 14 座城市绿色经济发展的绩效值。在此基础上，从全省、区域和城市的视角对辽宁省绿色经济发展的绩效水平进行比较分析，并从不同层面分析了辽宁省绿色经济发展绩效水平的变化趋势和空间差异。

一、基于全省视角的分析

依据上述步骤，我们分别计算出辽宁省绿色经济发展的超效率 CCR 模型的绩效值、投入导向型超效率 BCC 模型的绩效值、产出导向型超效率 BCC 模型的绩效值和超效率加性 DEA 模型的绩效值，并根据 Gini 准则计算出的各模型权重，加权计算出多 DEA – Gini 准则模型的综合绩效值，如表 6.2 所示。在此基础上，我们还可以通过图 6.1 更加直观地对辽宁省绿色经济发展绩效水平的变化趋势进行分析。

表 6.2　　　　　　　　辽宁省绿色经济发展的绩效值①

年份	E_j^{CCR-S}	E_j^{BCC-I}	E_j^{BCC-O}	E_j^{Add-S}	E_j^{Gini}
2013	1.2192	1.3827	1.9463	1.6382	1.5355
2014	1.3141	1.7063	1.8563	1.8094	1.6776
2015	1.3889	1.5763	1.6038	2.1036	1.6471
2016	1.4748	1.6487	1.7938	1.7673	1.6697
2017	1.6826	1.9697	2.0319	2.1348	1.9550
权重	0.2189	0.3375	0.2442	0.1994	

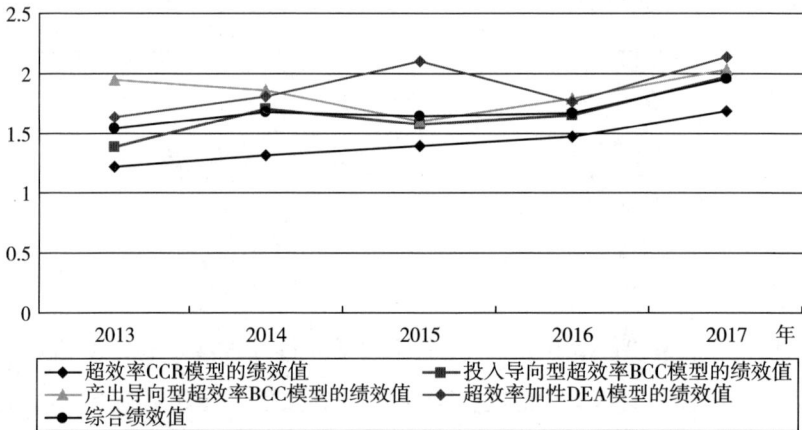

图 6.1　2013—2017 年辽宁省绿色经济发展的绩效值

如图 6.1 所示，2013—2017 年辽宁省绿色经济发展的绩效值总体上呈

① E_j^{CCR-S} 表示超效率 CCR 模型的绩效值；E_j^{BCC-I} 表示投入导向型超效率 BCC 模型的绩效值；E_j^{BCC-O} 表示产出导向型超效率 BCC 模型的绩效值；E_j^{Add-S} 表示超效率加性 DEA 模型的绩效值；权重表示通过 Gini 准则计算出的各模型权重；E_j^{Gini} 表示加权计算出的多 DEA – Gini 模型的综合绩效值。

现上升的趋势，这与第五章动态因子分析法所得结论基本一致。与此同时，如表 6.2 所示，超效率 CCR 模型的绩效值、投入导向型超效率 BCC 模型的绩效值、产出导向型超效率 BCC 模型的绩效值、超效率加性 DEA 模型的绩效值和加权计算出的多 DEA – Gini 准则模型的绩效值均大于 1，表明在样本年份辽宁省绿色经济发展的绩效值都是有效的。

从横向比较来看，如表 6.2 所示，在同一年份，不同 DEA 模型计算出的绩效值存在一定差异，这是由于超效率 CCR 模型、投入导向型超效率 BCC 模型、产出导向型超效率 BCC 模型和超效率加性 DEA 模型四种 DEA 模型的计算方法不同导致的。例如，在 2013 年，产出导向型超效率 BCC 模型的绩效值为 1.9463，在四种 DEA 模型计算出的绩效值中最大，超效率 CCR 模型的绩效值为 1.2192，在四种 DEA 模型计算出的绩效值中最小。而到了 2017 年，超效率加性 DEA 模型的绩效值为 2.1348，在四种 DEA 模型计算出的绩效值中最大，超效率 CCR 模型的绩效值为 1.6826，在四种 DEA 模型计算出的绩效值中最小。

从纵向比较来看，如图 6.1 所示，2013—2017 年超效率 CCR 模型的绩效值呈现逐年上升的趋势，投入导向型超效率 BCC 模型的绩效值、产出导向型超效率 BCC 模型的绩效值和超效率加性 DEA 模型的绩效值呈现波动中上升的趋势。这说明总的来看，辽宁省绿色经济发展的绩效水平呈现上升的态势。如表 6.2 所示，根据 Gini 准则计算出的超效率 CCR 模型、投入导向型超效率 BCC 模型、产出导向型超效率 BCC 模型和超效率加性 DEA 模型的权重分别为 0.2189、0.3375、0.2442 和 0.1994。这说明投入导向型超效率 BCC 模型的绩效值对综合绩效值的影响最大，超效率加性 DEA 模型的绩效值对综合绩效值的影响最小。据此计算出的多 DEA – Gini 准则模型的综合绩效值的走势与投入导向型超效率 BCC 模型绩效值的走势基本一致，呈现出在波动中上升的趋势。这主要是由于受经济下行压力加大的影响，辽宁省绿色经济发展的综合绩效值在 2013—2014 年小幅上升后在 2015 年出现了下降的趋势，但是随着供给侧结构性改革的推进，辽宁省对生态文明建设的政策和资金支持力度显著加大，通过供给侧结构性改革有效提振绿色环保产业，积极培育新的经济增长点、扩大绿色就业、提升居民的绿色消费意识，有效促进了绿色经济的发展，使辽宁省绿色经济发展的综合绩效值自 2016 年起出现了显著的回升，并且上升幅度逐年加大，在总体上呈现波动中上升的趋势。

二、基于区域视角的分析

为了进一步分析辽宁省各区域绿色经济发展绩效水平的空间差异，本章将辽宁省划分为辽西北地区、辽宁中部地区和辽东南地区三个区域①，以此计算出各区域绿色经济发展的超效率 CCR 模型的绩效值、投入导向型超效率 BCC 模型的绩效值、产出导向型超效率 BCC 模型的绩效值和超效率加性 DEA 模型的绩效值，并根据 Gini 准则计算出的各模型权重，加权计算出多 DEA – Gini 准则模型的综合绩效值，如表 6.3 和图 6.2 所示。

表 6.3　　　　　　　　　辽宁省各区域绿色经济发展的绩效值

年份	辽西北地区					辽宁中部地区					辽东南地区				
	E_j^{CCR-S}	E_j^{BCC-I}	E_j^{BCC-O}	E_j^{Add-S}	E_j^{Gini}	E_j^{CCR-S}	E_j^{BCC-I}	E_j^{BCC-O}	E_j^{Add-S}	E_j^{Gini}	E_j^{CCR-S}	E_j^{BCC-I}	E_j^{BCC-O}	E_j^{Add-S}	E_j^{Gini}
2013	1.4365	1.5198	1.7621	1.3076	1.5006	1.7643	1.3849	1.5883	1.4987	1.5491	1.2367	2.0647	1.6534	1.7365	1.5976
2014	1.5882	1.6726	1.8697	1.5137	1.6577	1.4873	1.6246	1.8773	1.7578	1.7031	1.4612	1.5489	1.8614	1.8793	1.6609
2015	1.6473	1.7263	1.6046	1.3731	1.5723	1.6146	1.8535	1.5386	1.6963	1.6751	1.3875	1.6793	1.9364	1.6723	1.6276
2016	1.7284	1.2365	1.4387	1.1872	1.3740	1.8639	1.6357	1.9471	1.7093	1.7873	1.7683	1.8057	2.0793	1.8739	1.8676
2017	1.8085	1.1937	1.5458	1.2372	1.4227	1.9481	2.2431	2.1736	1.8743	2.0602	1.8962	1.9736	2.3864	2.2359	2.0958
权重	0.2047	0.2376	0.2556	0.3021		0.2024	0.2431	0.2718	0.2827		0.3647	0.1875	0.2191	0.2287	

总的来看，如图 6.2 所示，辽宁中部地区和辽东南地区绿色经济发展的绩效水平走势基本一致，均呈现波动中上升的趋势，而辽西北地区绿色

---

① 辽西北地区：阜新、铁岭和朝阳；辽宁中部地区：沈阳、鞍山、抚顺、本溪、营口和辽阳；辽东南部地区：大连、丹东、锦州、盘锦和葫芦岛。

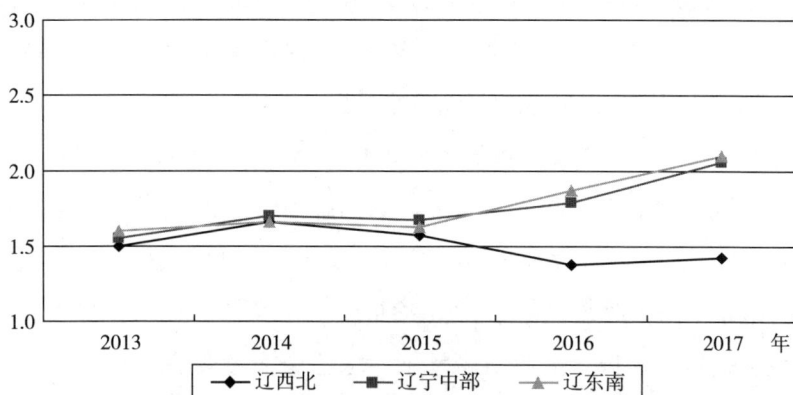

图 6.2　2013—2017 年辽西北、辽宁中部和

辽东南地区绿色经济发展的综合绩效值

经济发展的绩效水平则呈现波动中下降的趋势，并且辽宁中部地区和辽东南地区的绿色经济发展的绩效水平要高于辽西北地区，这种差距有逐渐扩大的趋势。

在辽西北地区，如表 6.3 所示，从横向比较来看，在同一年份，不同DEA 模型计算出的绩效值存在一定差异，这是由于不同 DEA 模型的计算方法不同导致的。例如，在 2013 年，产出导向型超效率 BCC 模型的绩效值为 1.7621，在四种 DEA 模型计算出的绩效值中最大，超效率加性 DEA模型的绩效值为 1.3076，在四种 DEA 模型计算出的绩效值中最小。而到了 2017 年，超效率 CCR 模型的绩效值最大为 1.8085，在四种 DEA 模型计算出的绩效值中最大，投入导向型超效率 BCC 模型的绩效值为 1.1937，在四种 DEA 模型计算出的绩效值中最小。从纵向比较来看，2013—2017 年，超效率 CCR 模型的绩效值呈现逐年上升的趋势，投入导向型超效率 BCC模型的绩效值、产出导向型超效率 BCC 模型的绩效值和超效率加性 DEA模型的绩效值呈现波动中下降的趋势。这说明总的来看，辽西北地区绿色经济发展的绩效水平呈现下降的态势。根据 Gini 准则计算出的超效率 CCR模型、投入导向型超效率 BCC 模型、产出导向型超效率 BCC 模型和超效率加性 DEA 模型的权重分别为 0. 2047、0. 2376、0. 2556 和 0. 3021。这说明超效率加性 DEA 模型的绩效值对综合绩效值的影响最大，超效率 CCR 模型的绩效值对综合绩效值的影响最小。据此计算出的多 DEA – Gini 准则模型的综合绩效值的走势与超效率加性 DEA 模型绩效值的走势基本一致，呈现出在波动中下降的趋势，与第五章动态因子分析法所得结论基本一致。这主要是由于辽西北地区的经济增长和社会发展的基础相对薄弱，资源利用效率不高，地方政府对绿色经济的调控政策不够完善，尽管在东北老工业基地新一轮振兴的政策带动下，绿色经济发展的绩效水平略有上升，但是受经济下行压力加大的影响，绿色经济发展绩效水平出现了一定程度的下降。但与此同时这也表明辽西北地区绿色经济发展的绩效水平还存在着一定的上升空间。随着供给侧结构性改革的推进，特别是在"突破辽西北"战略的有力引领下，辽西北地区的经济社会发展、农业资源开发以及区域产业联动等方面的后发优势可能会更加明显，未来辽西北地区绿色经济发展的绩效水平可能会有一定程度的提升。

在辽宁中部地区，如表6.3 所示，从横向比较来看，在同一年份，不同 DEA 模型计算出的绩效值存在一定差异，这是由于不同 DEA 模型的计算方法不同导致的。例如，在 2013 年，超效率 CCR 模型的绩效值为 1. 7643，在四种 DEA 模型计算出的绩效值中最大，投入导向型超效率 BCC 模型的绩效值为 1. 3849，在四种 DEA 模型计算出的绩效值中最小。而到了 2017 年，投入导向型超效率 BCC 模型的绩效值为 2. 2431，在四种 DEA 模型计算出的绩效值中最大，超效率加性 DEA 模型的绩效值为 1. 8743，在四种 DEA 模型计算出的绩效值中最小。从纵向比较来看，2013—2017 年，超效率 CCR 模型的绩效值、投入导向型超效率 BCC 模型的绩效值、产出导向型超效率 BCC 模型的绩效值和超效率加性 DEA 模型的绩效值均呈现波动中上升的趋势。这说明总的来看，辽宁中部地区绿色经济发展的绩效水平呈现上升的态势。根据 Gini 准则计算出的超效率 CCR 模型、投入导向型超效率 BCC 模型、产出导向型超效率 BCC 模型和超效率加性

DEA 模型的权重分别为 0.2024、0.2431、0.2718 和 0.2827。这说明超效率加性 DEA 模型的绩效值对综合绩效值的影响最大，超效率 CCR 模型的绩效值对综合绩效值的影响最小。据此计算出的多 DEA – Gini 准则模型的综合绩效值的走势与超效率加性 DEA 模型绩效值的走势基本一致，呈现在波动中上升的趋势，与第五章动态因子分析法所得结论基本一致。这主要是由于辽宁中部地区的主要城市经济增长和社会发展水平较高，尽管受经济下行压力加大的影响，绿色经济发展绩效水平出现了一定的下降，但随着供给侧结构性改革的推进，政府对生态文明建设资金支持力度的逐年增加，对节能环保等绿色产业政策扶持力度的进一步加大，充分带动了绿色经济发展，绿色经济发展的绩效水平呈现波动中上升的趋势。未来在"沈阳创建国家中心城市"的辐射和带动下，辽宁中部地区通过推动沈阳经济区一体化发展和沈抚改革创新示范区建设，能够有效健全区域城市群的绿色发展联动机制，辽宁中部地区绿色经济发展的绩效水平还有可能进一步提升。

在辽东南地区，如表 6.3 所示，从横向比较来看，在同一年份，不同 DEA 模型计算出的绩效值存在一定差异，这是由于不同 DEA 模型的计算方法不同导致的。例如，在 2013 年，投入导向型超效率 BCC 模型的绩效值为 2.0647，在四种 DEA 模型计算出的绩效值中最大，超效率 CCR 模型的绩效值为 1.2367，在四种 DEA 模型计算出的绩效值中最小。而到了 2017 年，产出导向型超效率 BCC 模型的绩效值为 2.3864，在四种 DEA 模型计算出的绩效值中最大，超效率 CCR 模型的绩效值为 1.8962，在四种 DEA 模型计算出的绩效值中最小。从纵向比较来看，2013—2017 年，投入导向型超效率 BCC 模型的绩效值呈现波动中下降的趋势，超效率 CCR 模型的绩效值、产出导向型超效率 BCC 模型的绩效值和超效率加性 DEA 模型的绩效值呈现波动中上升的趋势。这说明总的来看，辽东南地区绿色经济发展的绩效水平呈现上升的态势。根据 Gini 准则计算出的超效率 CCR 模型、投入导向型超效率 BCC 模型、产出导向型超效率 BCC 模型和超效率加性 DEA 模型的权重分别为 0.3647、0.1875、0.2191 和 0.2287。这说明超效率 CCR 模型的绩效值对综合绩效值的影响最大，投入导向型超效率 BCC 模型的绩效值对综合绩效值的影响最小。据此计算出的多 DEA – Gini 准则模型的综合绩效值的走势与超效率加性 DEA 模型绩效值的走势基本一致，呈现出在波动中上升的趋势，与第五章动态因子分析法所得结论基本一致。这主要是由于辽东南地区的主要城市充分依托当地环境资源优势优化产业结构调整，尽管受经济发展下行压力加大的影响，绿色经济发展的绩效水平有所下降，但随着供给侧结构性改革的推进，政府通过加大绿色供给积极扩大绿色就业，通过发展绿色金融助推产业绿色转型，有效带动了绿色经济发展，绿色经济发展的绩效水平呈现波动中上升的趋势。未来在政府推进辽宁沿海经济带绿色发展的带动下，辽东南地区绿色经济未来发展空间较大，通过加快建设临港产业集群，全面推动绿色制造，以绿色转型培育新的经济增长点，积极推动与辽西北地区和辽宁中部地区的联动发展，辽东南地区绿色经济发展的绩效水平还有待一步提升。

三、基于城市视角的分析

在区域分析的基础上，为了进一步分析各区域内所辖城市绿色经济发展绩效水平的空间差异，本章采用相同的方法计算出各区域内所辖城市绿色经济发展的超效率 CCR 模型的绩效值、投入导向型超效率 BCC 模型的绩效值、产出导向型超效率 BCC 模型的绩效值和超效率加性 DEA 模型的绩效值，并根据 Gini 准则计算出的各模型权重加权计算出多 DEA – Gini 准则模型的综合绩效值。在此基础上，以各城市近五年综合绩效值的算数平均值作为依据对辽宁省内 14 座城市绿色发展的绩效水平进行综合排名，如表 6.4 和图 6.3 所示。与此同时，我们还可以通过图 6.4、图 6.5 和图 6.6，更加直观地分析各区域所辖城市绿色经济发展绩效水平在整个区域内的所处的地位和发挥的作用。

表 6.4　　　　　　　　辽宁省各城市绿色经济发展的绩效值

地区	城市	2013 年 E_j^{Gini}	2014 年 E_j^{Gini}	2015 年 E_j^{Gini}	2016 年 E_j^{Gini}	2017 年 E_j^{Gini}	平均综合绩效	综合排名
辽西北地区	阜新	1.5636	1.7259	1.6172	1.5094	1.4531	1.5738	8
	铁岭	1.1961	1.3037	1.0316	1.0861	1.0273	1.1290	14
	朝阳	1.1273	1.2186	1.2893	1.1038	1.2397	1.1957	13
辽宁中部地区	沈阳	2.1731	2.2179	2.3157	2.2608	2.3839	2.2703	1
	鞍山	1.9453	1.8646	1.7849	1.8682	2.1463	1.9219	4
	抚顺	1.7364	1.8091	1.8572	1.7869	1.9252	1.8230	5
	本溪	1.8658	1.9197	1.9846	2.2682	2.3774	2.0831	3
	营口	1.1657	1.4853	1.3994	1.2847	1.3752	1.3421	10
	辽阳	1.2439	1.3631	1.3171	1.3076	1.1328	1.2729	11
辽东南地区	大连	2.0626	2.1647	2.1374	2.1035	2.3158	2.1568	2
	丹东	1.6497	1.6939	1.5873	1.7272	1.8473	1.7011	6
	锦州	1.4482	1.7841	1.6749	1.5872	1.8176	1.6624	7
	盘锦	1.3347	1.5862	1.2137	1.4539	1.6837	1.4544	9
	葫芦岛	1.2262	1.1235	1.4257	1.1827	1.1813	1.2279	12

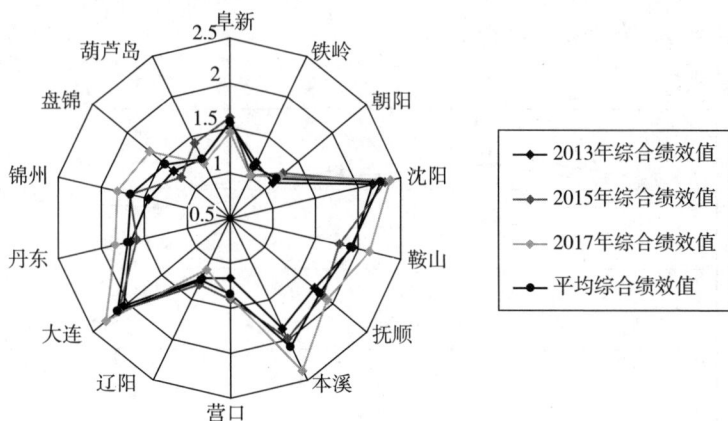

图 6.3　2013—2017 年辽宁省各城市绿色经济发展的绩效值

总体来看，如表 6.4 和图 6.3 所示，大多数辽宁省城市绿色发展的绩效值呈现波动中上升的趋势，辽宁中部地区和辽东南地区的绿色经济发展的绩效值较高,特别是沈阳、大连和本溪的绿色经济发展绩效值显著高于其他城市,辽西北地区的绿色经济发展的绩效值较低,葫芦岛、朝阳和铁岭的绿色经济发展绩效值显著低于其他城市,这些与第五章动态因子分析法所得结论基本一致。

在辽西北地区,如图6.4所示,从横向对比来看,阜新的绿色经济发展绩效值一直高于辽西北地区的绿色经济发展绩效值,而铁岭和朝阳的绿色经济发展绩效值一直低于辽西北地区绿色经济发展绩效值,因此可以看出,阜新的绿色经济发展对整个辽西北地区绿色经济发展作出了较大贡献,而铁岭和朝阳的绿色经济发展则在一定程度上制约了整个辽西北地区绿色经济发展。从纵向对比来看,阜新和铁岭的绿色经济发展绩效值呈现波动中下降的趋势,与辽西北地区绿色经济发展绩效值的走势基本一致。尽管绿色经济发展绩效值一直低于辽西北地区绿色经济发展的绩效值,朝阳的绿色经济发展绩效值却呈现波动中上升的趋势,因此可以看出,在未来"突破辽西北"战略的有力引领下,通过全面推进低碳循环发展和引导公众绿色生活,朝阳的绿色经济发展会在一定程度上带动整个辽西北地区绿色经济发展绩效水平的提升。

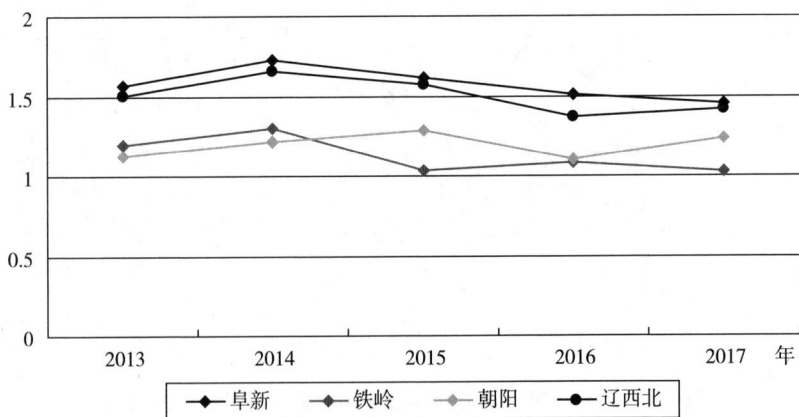

图6.4 2013—2017年辽西北地区绿色经济发展的绩效值

在辽宁中部地区，如图 6.5 所示，从横向对比来看，沈阳、鞍山和本溪的绿色经济发展绩效值一直高于辽宁中部地区的绿色经济发展绩效值，营口和辽阳的绿色经济发展绩效值一直低于辽宁中部地区绿色经济发展绩效值，抚顺的绿色经济发展绩效值在辽宁中部地区的绩效值附近上下波动，因此可以看出，沈阳和本溪的绿色经济发展对整个辽宁中部地区绿色经济发展作出了较大贡献，营口和辽阳的绿色经济发展则在一定程度上制约了整个辽宁中部地区绿色经济发展。从纵向对比来看，沈阳、鞍山、抚顺、本溪和营口的绿色经济发展绩效值呈现波动中上升的趋势，与辽宁中部地区绿色经济发展绩效值的走势基本一致，辽阳的绿色经济发展绩效值则呈现波动中下降的趋势，因此可以看出，未来在"沈阳创建国家中心城市"的辐射和带动下，辽阳和营口通过大力发展循环经济和加快生态修复保护推动形成绿色发展方式能够在一定程度上带动整个辽宁中部地区绿色经济发展绩效水平的提升。

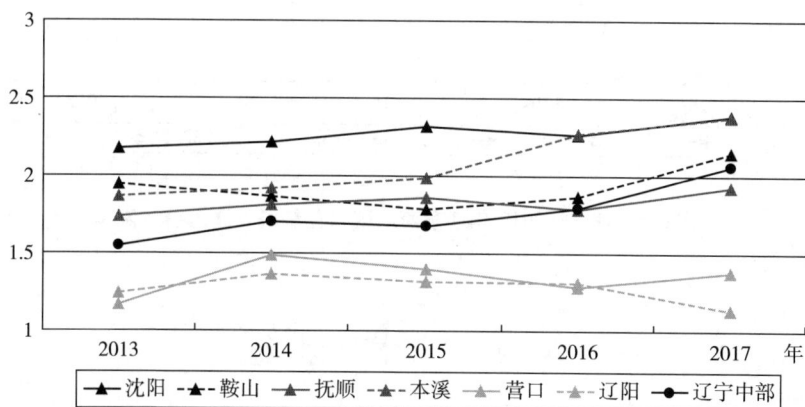

图 6.5　2013—2017 年辽宁中部地区绿色经济发展的绩效值

在辽东南地区，如图 6.6 所示，从横向对比来看，大连的绿色经济发展绩效值一直高于辽东南地区的绿色经济发展绩效值，盘锦和葫芦岛的绿色经济发展绩效值一直低于辽东南地区绿色经济发展绩效值，丹东和锦州的绿色经济发展绩效值在辽东南地区的绩效值附近上下波动，因此可以看出，大连的绿色经济发展对整个辽东南地区绿色经济发展作出了较大贡献，盘锦和葫芦岛的绿色经济发展则在一定程度上制约了整个辽东南地区绿色经济发展。从纵向对比来看，大连、丹东、锦州和盘锦的绿色经济发展绩效值呈现波动中上升的趋势，与辽东南地区绿色经济发展绩效值的走势基本一致，葫芦岛的绿色经济发展绩效值则呈现波动中下降的趋势，因此可以看出，未来辽宁沿海经济带绿色发展的带动下，葫芦岛通过加快建设临港产业集群推进绿色创新发展能够在一定程度上带动整个辽东南地区绿色经济发展绩效水平的提升。

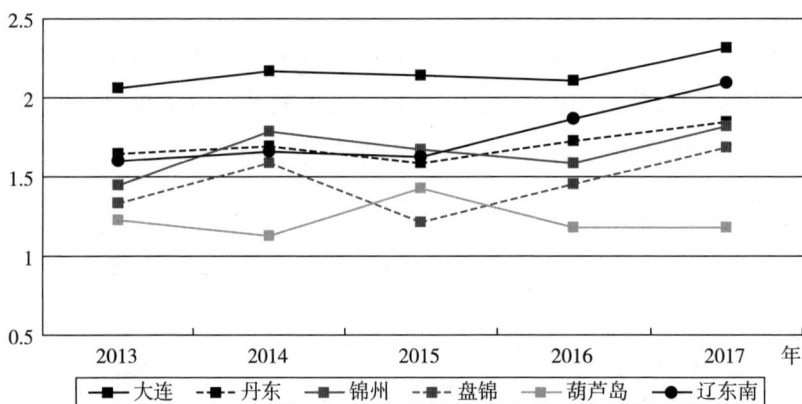

图 6.6　2013—2017 年辽东南地区绿色经济发展的绩效值

第四节　本章小结

本章在第五章动态因子分析指标体系的基础上，建立多 DEA – Gini 准则模型的指标体系，基于投入和产出的视角，运用多 DEA – Gini 准则模型分别从全省、区域和城市的视角对辽宁省绿色经济发展的绩效水平进行综合评估分析，以进一步验证动态因子分析法的相关结论，并从不同地域视角反映辽宁省绿色经济发展绩效水平的总体变化。

　　首先，本章简要介绍多 DEA – Gini 准则模型的相关理论。其次，在动态因子分析指标体系的基础上，兼顾指标数量和样本数量的关系及指标体系的科学性和合理性，将因子分析指标体系进行删减，并从投入和产出的角度进行重新归类，建立多 DEA – Gini 准则模型的指标体系进行实证分析。最后，分别从全省、区域和城市的视角对辽宁省绿色经济发展的绩效水平进行比较分析，并得出结论：随着供给侧结构性改革的不断推进，从全省的角度来看，辽宁省绿色经济发展的绩效值总体上呈现上升的趋势；从区域角度来看，辽宁中部地区和辽东南地区绿色经济发展的绩效值呈现波动中上升的趋势，而辽西北地区绿色经济发展的绩效值则呈现波动中下降的趋势；从城市的角度来看，大多数城市绿色发展的绩效值呈现波动中上升的趋势，辽宁中部地区和辽东南地区的绿色经济发展的绩效值较高，特别是沈阳、大连和本溪的绿色经济发展绩效值显著高于其他城市，辽西北地区的绿色经济发展的绩效值较低，葫芦岛、朝阳和铁岭的绿色经济发展绩效值显著低于其他城市，这些结论不仅与第五章动态因子分析法的结论基本一致，还为政府在供给侧结构性改革的大背景下推进绿色经济发展提供科学的决策依据。

第七章　积极提升辽宁省绿色经济
发展绩效的政策建议

通过第五章和第六章的动态因子分析和多 DEA – Gini 准则模型分析，我们得知：由于不同区域和城市之间资源禀赋各异，生态条件不同，辽宁省各区域和各城市绿色经济发展的绩效水平是不均衡的，绿色经济发展的差距是客观存在的。根据前面分析的绿色经济发展的推进机制，辽宁省绿色经济发展的绩效水平与各区域和各城市的经济增长、社会发展、环境资源和政策支持等方面的因素密切相关。为此，相关部门应充分借鉴发达国家和国内主要省份绿色经济发展的相关政策和实践经验，积极发挥各个区域和城市的比较优势和竞争优势，因地制宜地实行差别化的绿色经济发展战略，持续激发不同区域和城市的绿色潜能，健全区域城市群的绿色发展联动机制，进而有效提升辽宁省绿色经济发展绩效。因此，本章分别从经济增长、社会发展、环境资源和政策支持四个方面，针对不同区域和城市的区位优势、政策扶持和生态条件等因素的具体现状，提出积极提升辽宁省绿色经济发展绩效的政策建议。

第一节　基于经济增长视角的政策建议

根据基于脱钩理论的经济增长机制，政府通过加快产业结构升级、发展清洁能源和强化环境保护监督等措施在保持一定经济增长幅度的同时，尽量减轻资源消耗和环境污染，实现经济增长和环境污染的相对脱钩。在此基础上，通过发展绿色金融和推广绿色文化等措施，在保证经济增长的同时有效降低资源消耗和环境污染，实现经济效益和环境效益"双赢"的绝对脱钩，进而有效提升绿色经济发展绩效。

在经济增长方面，由于绿色经济具有完整国民经济性质，不同的经济增长水平会使不同城市绿色经济发展绩效的区域性差异表现得更加明显。因此，在供给侧结构性改革的大背景下，辽宁省应借鉴发达国家和国内主要省份绿色经济发展的相关政策和实践经验，积极推进产业结构调整，通过加快发展现代农业、鼓励并大力发展战略性新兴产业和现代服务业等措施，逐步实现产业结构优化升级，形成以农业为基础、传统工业为支撑、新一代信息技术产业和新能源产业等战略性新兴产业为先导、服务业全面发展的产业格局，提升绿色经济发展绩效，实现绿色经济"福利最大化"的基本目标。

阜新、铁岭和朝阳等辽西北地区城市的经济增长水平相对较低，人均生产总值和城镇居民人均可支配收入等指标存在较大的优化和拓展的空间。为此，辽西北地区城市可借鉴日本和海南省绿色经济发展的相关经验，在"突破辽西北"战略的有力引领下，一方面，相关部门应结合当地的农业资源优势，积极发展适应国内外市场需求的特色产业和特色产品，在保证产品质量和效益的前提下，以技术进步和管理创新实现农产品安全，以农业产业产品结构调整促进农业生产效益和质量的提升，通过积极发展现代农业，大力发展绿色农业，巩固加强第一产业。另一方面，相关部门应围绕工业优化升级和结构调整，积极培育壮大新兴产业，大力发展城市第三产业，以生产性服务业发展为突破口和支撑点，积极发挥其对产业的支撑拉动作用，拓展现代服务业增值空间，鼓励有条件的制造业企业向服务业延伸，并结合当地群众个性化、多样化消费需求，加快推进生活性服务业的创新发展和转型升级，共同带动辽西北地区城市经济的腾飞，进而有效提升绿色经济发展绩效。

沈阳、鞍山和抚顺等辽宁中部地区城市的经济增长水平明显优于省内其他城市，人均生产总值和城镇居民人均可支配收入等指标表现较好。为此，辽宁中部地区城市可借鉴德国和福建省绿色经济发展的相关经验，在"沈阳创建国家中心城市"的辐射和带动下，一方面，相关部门应按照规模化、高端化、生态化的发展方向，强化发展优势装备制造业，加快推进石化产业转型升级，努力实现工业由大到强的转变。另一方面，相关部门应通过大力发展绿色物流、节能环保等绿色服务业，引进新兴和高技术产业，创建绿色服务体系，在提升传统优势产业的层次和素质的基础上，加快发展第三产业，提高现代服务业比重，全方位提升城市的综合经济实力和居民生活水平，进而有效提升绿色经济发展绩效。

大连、丹东和营口等辽东南地区城市的经济增长水平相对较高，人均生产总值和城镇居民人均可支配收入等指标存在进一步优化和拓展的空间。为此，辽东南地区城市可借鉴美国和浙江省绿色经济发展的相关经验，在辽宁沿海经济带绿色发展的带动下，一方面，相关部门应大力扶持高端装备制造、新材料产业、节能环保产业和新能源产业等市场需求量高和发展前景好的战略性新兴产业，以经济转型升级的高效率促进生态环境的不断改善和竞争新优势的不断增长，全面推动沿海产业转型升级。另一方面，相关部门应依托当地的产业基础、自然资源和人口资源等城市功能优势，推进大连东北亚航运中心建设，以整合沿海港口资源为切入点，大力推动承接重点产业转移发展，抢占临港产业发展制高点，加快推进新兴产业向规模化和集群化发展，促进城市、港口和产业的绿色融合共赢发展，进而有效提升绿色经济发展绩效。

与此同时，随着供给侧结构性改革的推进，绿色经济的发展需要绿色金融的强力支持。积极发展绿色金融能够从供给侧改善现行经济结构，将资本资源等要素向低污染、高效率的新材料、新能源行业倾斜，向节能环保等绿色产业聚集，进而推动经济全面转型升级。① 近年来，辽宁省各家银行纷纷实施绿色信贷政策，为供给侧结构性改革提供强有力的金融支持。尽管辽宁省绿色金融发展起步良好，但存在政策体系不完善、绿色产品创新力度不足和监管机制不健全等问题。鉴于此，辽宁省可借鉴美国、日本和我国浙江省绿色经济发展的相关经验，一方面，相关部门应加快推进绿色金融的重点区域和关键领域的中长期发展规划，积极支持设立节能环保产业投资基金和绿色金融引导基金，以地方政府资金带动民间资本投资，为地区绿色产业的发展提供有力的融资支持。另一方面，相关部门应在扩大绿色信贷规模的基础上，鼓励银行等金融机构开发绿色债券、绿色保险等多元化的绿色金融产品，积极引导银行等金融机构建立和完善支持绿色金融发展的长效机制，拓展绿色产业的融资渠道。在此基础上，根据辽宁产业结构调整的具体情况，建立符合区域特色的银行绿色评价机制，并通过积极推动绿色金融领域的国际合作，有效防范绿色金融风险，确保绿色金融业务有序开展，为绿色经济发展提供更加优质的服务，进而有效提升绿色经济发展绩效。

第二节 基于社会发展视角的政策建议

根据基于可持续发展理论的社会发展机制，政府通过全面推进能源资源节约、加大环境保护方面投资投入力度和促进经济绿色低碳循环发展等措施，实现经济发展、环境保护和生活质量提高之间有机平衡的发展，进而有效提升绿色经济发展绩效。

在社会发展方面，城市化进程的加速推进能够有效推进城市的社会发展水平，拉大城市间绿色经济发展绩效的区域性差异。因此，在供给侧结

---

① 邵传林，段盼. 供给侧结构性改革与绿色金融发展：中国实践他国经验及启示 [J]. 区域金融研究，2018（8）：50-58.

构性改革的大背景下，辽宁省应借鉴发达国家和国内主要省份绿色经济发展的相关政策和实践经验，强化能源和水资源消耗、建设用地总量和强度双控管理，严守资源利用上线，大力发展循环经济，推广清洁生产，并在具体规划环境污染治理的基础上，结合区域绿色经济发展的特点，有针对性地扩大污染治理规模，加大环境污染治理投资和绿色基础设施多元化投资的力度，提高生态投资资金的利用率，提升绿色经济发展绩效，推进生态文明建设。

阜新、铁岭和朝阳等辽西北地区城市的社会发展水平相对较低，城镇化率以及水利、环境和公共设施管理行业固定资产投资等指标存在较大的优化和拓展的空间。为此，辽西北地区城市可借鉴德国和浙江省绿色经济发展的相关经验，在"突破辽西北"战略的有力引领下，一方面，相关部门应加快辽西北地区城市建成区内重污染企业搬迁改造或关闭退出，按计划统筹推进现有工业聚集区的整合和提升，进一步推进产业优化升级，并充分发挥规划环评对区域生产力布局的指导和规范作用，严格执行国家行业产能置换办法，对辽西北地区不符合生态环境功能定位的产业布局和产业结构进行有效调整，促进经济绿色低碳循环发展。另一方面，相关部门应加大对辽西北地区绿色科技研发的资金投入和政策倾斜力度，进一步提升绿色投资占 GDP 比重，在新能源、新材料和节能环保等领域加大技术研发和攻关投入力度，依靠科技创新驱动，促进绿色技术的转化与运用，进而有效提升绿色经济发展绩效。

沈阳、鞍山和抚顺等辽宁中部地区城市的社会发展水平明显优于省内其他城市，城镇化率以及水利、环境和公共设施管理行业固定资产投资等指标表现较好。为此，辽宁中部地区城市可借鉴日本和福建省绿色经济发展的相关经验，在"沈阳创建国家中心城市"的辐射和带动下，一方面，相关部门应加快推动沈阳及周边城市再生资源产业园区建设，积极化解过剩产能，并通过制定和实施适应本地区节能减排需要的能耗、环保、技术和质量等综合标准，依法依规促进落后产能有序退出，显著提升工业能源利用效率和清洁化水平，并通过其辐射带动作用努力推进绿色、低碳、智能、集约的新型城市的建设。另一方面，相关部门应在引导金融机构加大对绿色金融投资力度的同时，科学制定绿色投资规划，加强绿色投资评价考核，做好投资前期、中期和后期的监管，充分发挥绿色投资的资金使用效益，进而有效提升绿色经济发展绩效。

大连、丹东和营口等辽东南地区城市的社会发展水平相对较高，城镇化率以及水利、环境和公共设施管理行业固定资产投资等指标存在进一步优化和拓展的空间。为此，辽东南地区城市可借鉴美国和海南省绿色经济发展的相关经验，在辽宁沿海经济带绿色发展的带动下，一方面，相关部门应推进海域和沿海地区生态健康养殖，加大辽东湾和辽河口等海湾河口污染的治理力度，全面启动重点海域排污总量控制制度建设，分步有序地将其纳入国家海洋督查范畴，坚决禁止严重过剩产能以及高能耗、高污染、高排放项目用海，节约集约利用海洋资源，推动海域资源利用方式向绿色化、生态化转变，全面提升海洋生态文明建设水平。另一方面，相关部门应根据资源禀赋和区位条件等，充分发挥辽东南地区城市的人力、技术、产业优势，将绿色经济发展与双创事业有机结合，加大公共财政对水利、环境和科教文卫等事业专项资金的支持力度，以辽东南地区的制度创新、产业升级和科技进步形成区域经济发展的绿色增长极，推动产城一体化发展，进而有效提升绿色经济发展绩效。

第三节　基于环境资源视角的政策建议

根据基于环境库兹涅茨曲线理论的环境保护机制，政府通过加大环保治理力度和改革完善生态环境治理体系等措施，减少环境发展的经济成本，缩短了经济发展达到环境库兹涅茨曲线拐点所需的时间，进而有效提升绿色经济发展绩效。

在环境资源方面，由于绿色经济的发展是以环境资源的约束为基础，不同的生态条件和资源禀赋会使不同城市绿色经济发展绩效的区域性差异表现得更加明显。因此，在供给侧结构性改革的大背景下，辽宁省应借鉴发达国家和国内主要省份绿色经济发展的相关政策和实践经验，完善生态环境保护体系建设，利用东北老工业基地新一轮振兴的相关政策和有利时机，加快补齐生态环境质量短板，积极争取中央、省级各类生态保护补偿资金支持，加大环境保护与生态修复力度，鼓励受益地区和保护生态地区通过对口协作、产业转移和园区共建等方式建立横向补偿机制，通过健全生态风险管理和应急救援机制，提升绿色经济发展绩效，推进生态安全屏障的构建。

阜新、铁岭和朝阳等辽西北地区城市的环境资源禀赋相对较低，人均公园绿地面积、全年天然气供气总量等指标存在较大的优化和拓展空间。为此，辽西北地区城市可借鉴美国和福建省绿色经济发展的相关经验，在"突破辽西北"战略的有力引领下，一方面，相关部门应从优化空间布局入手，以资源环境的制度约束倒逼绿色经济转型，按照环保优先的原则，严格产业定位，大力发展低能耗、高附加值的低碳环保产业，提升资源能源的利用效率，在项目准入方面，把好环境评价关，以绿色招商为经济发展注入新活力，推动当地经济的绿色崛起。另一方面，相关部门应使生态保护补偿资金和重大生态工程项目向重点需要环境保护与生态修复的地区倾斜，鼓励当地政府创新资金使用方式，积极利用生态保护工程资金并结合地域贫困发生特点，将部分有劳动能力的贫困人口转变为专职生态保护人员，实现生态保护与精准扶贫的有机结合，进而有效提升绿色经济发展绩效。

沈阳、鞍山和抚顺等辽宁中部地区城市的环境资源禀赋明显优于省内其他城市，人均公园绿地面积、全年天然气供气总量等指标表现较好。为此，辽宁中部地区城市可借鉴德国和浙江省绿色经济发展的相关经验，在"沈阳创建国家中心城市"的辐射和带动下，一方面，相关部门应充分发挥高新技术产业园区和生态示范园区等载体的平台作用，推动低碳循环产业和节能环保产业的集聚发展和区域联防联控机制的完善，有效提升污染治理效率；并通过将生态功能重要区域和生态环境敏感脆弱区域纳入红线管控范围，统筹各类补偿资金，加大对生态保护红线区、重要生态功能区和生态脆弱区补偿力度，严守生态保护红线，提升生态系统质量和稳定性。另一方面，相关部门应通过积极推进农业产业化经营和农业生产向无害化方向转型等措施，推广绿色生态农业，减少农业面源污染；通过大力推进装备制造、石化等传统工业绿色化，形成一批绿色产业重点发展区，进一步淘汰落后产能，在此基础上通过加强对农业、工业和服务业等产业引发的大气污染、水污染、固体废弃物污染和噪声污染这四大社会主要污染进行系统排查和彻底整治，将污染源头的首端防控与末端治理有机结合，进一步完善污染防控与减排建设，健全生态环境治理体系，进而有效提升绿色经济发展绩效。

大连、丹东和营口等辽东南地区城市的环境资源禀赋相对较高，人均公园绿地面积、全年天然气供气总量等指标存在进一步优化和拓展的空间。为此，辽东南地区城市可借鉴日本和海南省绿色经济发展的相关经验，在辽宁沿海经济带绿色发展的带动下，一方面，相关部门应完善海洋生态环境保护投入机制，通过海洋生态保护补偿资金制度的建立和完善，多渠道筹措海洋生态资源环境保护方面的相关资金，逐步扩大海洋生态保护补偿资金的覆盖范围，以支持重点生态功能区的保护和建设，进一步提升海洋生态文明建设水平。另一方面，相关部门应按照陆域功能与海域功能相统筹，资源保护与资源利用相协调的原则，围绕滨海湿地、沙滩、海湾、海岛四类典型生态系统开展生态保护与修复，通过开展水生生物养护，实施增殖放流和建设人工鱼礁等措施提高水生生物多样性，恢复受损海洋生态系统功能；通过进一步严格海洋工程、海岸工程的海洋环境影响评价，以及建立陆海统筹的污染防治区域联动机制等措施，合理保护和开发利用海洋资源，加强海洋生态环境风险防控，推动海域资源利用方式向绿色化、生态化转变，进而有效提升绿色经济发展绩效。

第四节　基于政策支持视角的政策建议

根据基于制度变迁理论的政策支持机制，政府通过完善相关法律、制定合理的产业规划政策、综合采用多种经济调节手段引导企业行为；并通过大力开展绿色经济的宣传教育，鼓励和支持公众参与绿色创新，引导消费者绿色消费等措施，从企业和消费者两个方面共同促进绿色经济的发展，进而有效提升绿色经济发展绩效。

在政策支持方面，随着经济社会发展水平的提高，政府对绿色产业政策支持力度的不同和居民对绿色生活理念认可程度的差异会使不同城市绿色经济发展绩效的区域不均衡表现得更加明显。因此，在供给侧结构性改革的大背景下，辽宁省应借鉴发达国家和国内主要省份绿色经济发展的相关政策和实践经验，基于不同地区的经济基础和生态条件，通过差异性政策的制定发挥政府对绿色经济的宏观调控作用，并通过推动绿色生产和绿色生活的双轮驱动，激发区域绿色潜能，发挥微观经济主体对绿色经济的支撑作用，进而提升绿色经济发展绩效，共同推进东北老工业基地的绿色协同发展。

阜新、铁岭和朝阳等辽西北地区城市的政策支持力度相对较低，节能环保公共财政预算支出、工业固体废物综合利用率等指标存在较大的优化和拓展空间。为此，辽西北地区城市可借鉴德国和海南省绿色经济发展的相关经验，在"突破辽西北"战略的有力引领下，一方面，相关部门应大力培育和弘扬绿色文化建设，引导公众绿色生活，通过将生态环境保护纳入国民教育体系，强化绿色发展理念和生态保护理念的宣传教育，并以政府的绿色采购引导社会公众选择低碳环保的绿色消费模式，鼓励消费者优先购买和使用具有节能环保标识的产品，自发抵制高污染和高耗能的产品，从消费层倒逼企业进行绿色生产转型和产品结构调整，在此基础上，通过大力推广绿色社区、绿色学校、绿色餐馆和绿色出行等行动，鼓励公众自觉参与低碳环保工作，提高公众的生态文化修养。另一方面，相关部门应在当地绿色产业政策的引领下，引导资金更多地投向低碳环保产业和战略新兴产业以及节能减排设备改造项目的同时，进一步加大节能环保行业的财政投入力度，健全绿色经济的财政支出体系，建立财政绿色投入的动态增长长效机制，并通过以奖代补、税费减免和贴息贷款等形式，进一步推进生态建设项目的产业化和市场化运作，进而有效提升绿色经济发展绩效。

沈阳、鞍山和抚顺等辽宁中部地区城市的政策支持力度明显优于省内其他城市，节能环保公共财政预算支出、工业固体废物综合利用率等指标表现较好。为此，辽宁中部地区城市可借鉴美国和福建省绿色经济发展的相关经验，在"沈阳创建国家中心城市"的辐射和带动下，一方面，相关部门应通过支持绿色经济基层工作人员培养和引进高层次绿色人才等措施，为绿色发展注入新鲜血液，实现多层次人才结构的绿色化；并通过为绿色人才提供灵活的激励机制、公平的科研环境、浓厚的创业氛围和便利的交流条件，以完备的政策、良好的环境和优厚的待遇，扩大绿色人才储备，集聚人才、留住人才，助力绿色经济发展。另一方面，相关部门应在借鉴国内外相关经验的同时结合当地实际情况，通过加快出台和完善地区环境保护条例和生态保护补偿条例等文件，逐步健全绿色经济发展相关地方性法规，在顶层设计层面逐步形成更加完备的法规条例和实施细则，将绿色发展纳入法制化轨道，不断推进绿色经济发展的制度化和法制化，并通过建立绿色经济考核机制，对于不同地区按照其发展水平、资源禀赋差异实行差别化的绩效考核，加强对绿色经济发展的监督和管理，进而有效提升绿色经济发展绩效。

大连、丹东和营口等辽东南地区城市的政策支持力度相对较高，节能环保公共财政预算支出、工业固体废物综合利用率等指标存在进一步优化和拓展的空间。为此，辽东南地区城市可借鉴日本和浙江省绿色经济发展的相关经验，在辽宁沿海经济带绿色发展的带动下，一方面，相关部门应围绕不同产业对绿色技术的需求，在加快绿色科技创新和鼓励绿色体制创新的同时，构建绿色技术信息共享机制，通过绿色技术服务共享信息平台，实现绿色技术研发和应用的精准对接，有效推动产业绿色转型，优化绿色资源配置，从信息技术的角度有效支撑绿色科技成果的多种方式转化。另一方面，相关部门应通过实施财政扶持、税收优惠和绿色产业发展等直接补贴和间接优惠扶持政策，鼓励传统企业绿色化发展，推动新兴绿色企业创新化发展，并通过增强企业绿色发展意识，规范企业的绿色生产行为，加大对绿色产出的投入，研发满足消费需求的绿色产品，增强企业的绿色发展竞争力。在此基础上，通过加强企业与高等院校和科研机构的合作，促进绿色产业科技创新，进一步提高绿色科研技术的成果转化率，充分激发企业释放绿色潜能，实现企业绿色发展对绿色经济发展的引领作用，进而有效提升绿色经济发展绩效。

第五节　本章小结

本章分别从经济增长、社会发展、环境资源和政策支持四个方面，针对辽宁省不同区域和城市的区位优势、政策扶持和生态条件等因素的具体现状，并借鉴发达国家和国内主要省份绿色经济发展的相关政策和实践经验，因地制宜地提出积极提升辽宁省绿色经济发展绩效的政策建议。

首先，在经济增长方面，根据基于脱钩理论的经济增长机制，辽宁省应积极推进产业结构调整，逐步实现产业结构优化升级，实现绿色经济"福利最大化"的基本目标。其次，在社会发展方面，根据基于可持续发展理论的社会发展机制，辽宁省应大力发展循环经济，推广清洁生产，加大环境污染治理投资和绿色基础设施多元化投资的力度，推进生态文明建设。再次，在环境资源方面，根据基于环境库兹涅茨曲线理论的环境保护机制，辽宁省应完善生态环境保护体系建设，加大环境保护与生态修复力度，推进生态安全屏障的构建。最后，在政策支持方面，根据基于制度变迁理论的政策支持机制，辽宁省通过差异性政策的制定发挥政府对绿色经济的宏观调控作用，推动绿色生产和绿色生活的双轮驱动，共同推进东北老工业基地的绿色协同发展。

第八章 结论与展望

　　本书在对当前国内外经济环境的介绍，说明在供给侧结构性改革的大背景下，辽宁省发展绿色经济重要性的基础上，一方面，通过对绿色经济的内涵、特征以及相关理论介绍，分别依据脱钩理论、可持续发展理论、环境库兹涅茨曲线理论和制度变迁理论系统的分析推进绿色经济发展的经济增长机制、社会发展机制、环境保护机制和政策支持机制，为绿色经济发展的研究奠定了理论基础。另一方面，通过对美国、日本、德国等发达国家和浙江、福建、海南等我国主要省份绿色经济发展的相关政策和实践经验进行综述分析，分别在政策法规方面、市场激励方面、技术创新方面和文化宣传方面总结出辽宁省全面推进绿色经济发展的相关启示。

　　在此基础上，本书通过相关指标进行对比，分别从经济增长、社会发展、环境资源和政策支持四个方面对辽宁省绿色经济发展的总体现状以及省内14座城市绿色经济发展的具体现状进行分析，得出结论：随着供给侧结构性改革的不断推进，辽宁省绿色经济发展水平在波动中不断提升。但是从省内14座城市的具体状况来看，受省内各城市经济发展、资源禀赋、区位优势和扶持政策等因素的影响，辽宁省绿色经济的发展是不均衡的。

　　为了综合评价辽宁省内14座城市绿色经济发展的绩效水平，本书从经济增长、社会发展、环境资源和政策支持四个方面建立辽宁省绿色经济发展绩效评价指标体系，运用动态因子分析法对2013—2017年辽宁省内14座城市绿色经济发展绩效水平进行实证分析，并得出结论：随着供给侧结构性改革的不断推进，沈阳、大连和本溪的绿色经济发展绩效水平明显高于省内其他城市；鞍山、抚顺、盘锦、丹东和锦州的绿色经济发展绩效水平较高；辽阳、阜新、营口、葫芦岛、朝阳和铁岭的绿色经济发展绩效水平较低。根据横向和纵向的比较分析的结果，本书分别从经济发展水平、城市化进程和生态资源禀赋等方面对实证结果进行了解释与分析。

为了进一步验证动态因子分析法的相关结论，从不同地域的视角反映辽宁省绿色经济发展绩效水平的总体变化，本书在动态因子分析指标体系的基础上，建立多 DEA – Gini 准则模型的指标体系，基于投入和产出的视角，运用多 DEA – Gini 准则模型分别从全省、区域和城市的视角对辽宁省绿色经济发展的绩效水平进行综合评估分析，并得出结论：随着供给侧结构性改革的不断推进，从全省的角度来看，辽宁省绿色经济发展的绩效值总体上呈现上升的趋势；从区域角度来看，辽宁中部地区和辽东南地区绿色经济发展的绩效值呈现波动中上升的趋势，而辽西北地区绿色经济发展的绩效值则呈现波动中下降的趋势；从城市的角度来看，大多数城市绿色发展的绩效值呈现波动中上升的趋势，辽宁中部地区和辽东南地区的绿色经济发展的绩效值较高，特别是沈阳、大连和本溪的绿色经济发展绩效值显著高于其他城市，辽西北地区的绿色经济发展的绩效值较低，葫芦岛、朝阳和铁岭的绿色经济发展绩效值显著低于其他城市，这些结论不仅与动态因子分析法的结论基本一致，还为政府在供给侧结构性改革的大背景下推进绿色经济发展提供科学的决策依据。

结合实证分析的相关结论，以及发达国家和国内主要省份绿色经济发展的相关政策和实践经验，本书对积极提升辽宁省绿色经济发展绩效提出如下政策建议：首先，在经济增长方面，根据基于脱钩理论的经济增长机制，辽宁省应积极推进产业结构调整，通过加快发展现代农业、鼓励并大力发展战略性新兴产业和现代服务业等措施，逐步实现产业结构优化升级，提升绿色经济发展绩效，实现绿色经济"福利最大化"的基本目标。其次，在社会发展方面，根据基于可持续发展理论的社会发展机制，辽宁省应大力发展循环经济，推广清洁生产，在具体规划环境污染治理的基础上，结合区域绿色经济发展的特点，有针对性地扩大污染治理规模，加大环境污染治理投资和绿色基础设施多元化投资的力度，提高生态投资的使用效率，提升绿色经济发展绩效，推进生态文明的建设。再次，在环境资源方面，根据基于环境库兹涅茨曲线理论的环境保护机制，辽宁省应完善生态环境保护体系建设，加大环境保护与生态修复力度，加快补齐生态环境质量短板，通过健全生态风险管理和应急救援机制，提升绿色经济发展绩效，推进生态安全屏障的构建。最后，在政策支持方面，根据基于制度变迁理论的政策支持机制，辽宁省通过制定差异性政策发挥政府对绿色经济的宏观调控作用，并通过推动绿色生产和绿色生活的双轮驱动，发挥微观经济主体对绿色经济的支撑作用，进而提升绿色经济发展绩效，共同推进东北老工业基地的绿色协同发展。

受研究条件和研究时间等方面限制的影响，本书对辽宁省绿色经济发展的研究范围还有待进一步拓宽，辽宁省绿色经济发展绩效的指标体系还有待进一步完善，这些都是有待进一步深入研究和探讨的关键环节。绿色经济发展是辽宁省未来可持续发展的必由之路，相信随着供给侧结构性改革的不断深入推进，绿色经济发展的基础理论研究将持续完备，绿色经济发展的相关数据会更加充实，绿色经济发展的实证研究也将不断丰富，辽宁省绿色经济发展也必然会向科学化和国际化的道路不断迈进！

参考文献

［1］北京师范大学科学发展观与经济可持续发展研究基地等．2010中国绿色发展指数年度报告——省际比较［M］．北京：北京师范大学出版社，2010：71-82.

［2］毕德利．辽宁省发展绿色经济的战略政策研究［J］．社会科学辑刊，2010（11）：148-152.

［3］陈伟平．基于博弈视角的中国绿色经济发展研究［D］．武汉：武汉大学，2015.

［4］成思危．可持续发展与绿色经济［R］．中国过程系统工程年会，2010.

［5］崔如波．绿色经济：21世纪持续经济的主导形态［J］．社会科学研究，2002（4）：47-50.

［6］董战峰，毕军．绿色化国际经验的启示［J］．唯实，2015（10）：55-58.

［7］高铁梅．计量经济分析方法与建模——eviews应用及实例（第二版）［M］．北京：清华大学出版社，2009：471-489.

［8］韩国莹，李战江，刘秀梅．基于聚类—因子分析的绿色经济发展评价指标体系构建［J］．商业经济研究，2017（24）：184-186.

［9］韩磊．基于熵值法和因子分析的湖南省绿色经济发展评价研究［J］．中州大学学报，2017（4）：43-47.

［10］胡鞍钢．中国：创新绿色发展［M］．北京：中国人民大学出版社，2012：27 – 35.

［11］环境保护部环境与经济政策研究中心，世界自然基金会．面向绿色经济决策的指标工具及实证研究［R］，生态环境部与经济政策研究中心网站，2015.

［12］黄兰钦．四川省绿色经济发展评价研究［D］．重庆：重庆大学，2016.

［13］黄茂兴，杨雪星．全球绿色经济竞争力评价与提升路径——以G20 为例［J］．经济研究参考，2016（16）：27 – 36.

［14］黎昕．坚持绿色发展，建设清新福建［N］．福建日报，2016 – 12 – 27（第 10 版）.

［15］李斌．绿色新政下中国绿色经济发展的相关问题研究［D］．大连：东北财经大学，2013.

［16］李昳，张向前．海峡西岸经济区绿色经济发展的机制与制度研究［J］．科技管理研究，2015（5）：229 – 235.

［17］廖福霖．绿色经济：可持续发展的微观基础和现实形式［J］．林业经济，2001（5）：37 – 40.

［18］辽宁省人民政府．辽宁省人民政府关于优化产业布局和结构调整的指导意见［Z］．辽宁省人民政府网站，2015 – 12 – 12.

［19］辽宁省人民政府．辽宁省"十三五"节能减排综合工作实施方案［Z］．辽宁省人民政府网站，2017 – 04 – 21.

［20］曲格平．中国的环境与发展［M］．北京：中国环境科学出版社，1992：91 – 98.

［21］邵传林，段盼．供给侧结构性改革与绿色金融发展：中国实践他国经验及启示［J］．区域金融研究，2018（8）：50 – 58.

［22］盛馥来，诸大建．绿色经济：联合国视野中的理论、方法与案例［M］．北京：中国财政经济出版社，2015：31 – 38.

［23］王飞，黄璨．基于动态因子分析法的中部六省省会城市竞争力比较与分析［J］．特区经济，2013（4）：25－28.

［24］王金南，李晓亮，葛察忠．中国绿色经济发展现状与展望［J］．环境保护，2009（5）：53－56.

［25］王明初．海南生态文明建设的发展、成就与经验［N］．海南日报，2018－05－23（第7版）.

［26］王雅伦．基于非参数估计和Tobit模型的资源型城市绿色经济效率分析［D］．南京：南京财经大学，2014.

［27］王一凡，韩胜丁．绿色发展与海南生态文明建设的实践与经验［J］．中国发展，2016（4）：1－6.

［28］翁智雄，马忠玉，朱斌，程翠云，段显明．"绿水青山就是金山银山"思想的浙江实践创新［J］．环境保护，2018（9）：53－57.

［29］谢里，王瑾瑾．中国农村绿色发展绩效的空间差异［J］．中国人口·资源与环境，2016（6）：20－26.

［30］解振华．绿色经济引领碳市场发展［J］．低碳世界，2012（10）：12－13.

［31］薛晖，郑中华，谢启伟．基于多种DEA模型和Gini准则的效率评价方法——兼对我国高校运营绩效的评价［J］．中国管理科学，2014（4）：98－104.

［32］薛珑．绿色经济发展测度体系的构建［J］．统计与决策，2012（18）：21－24.

［33］杨朝飞，里杰兰德（瑞典）．中国绿色经济发展机制和政策创新研究（上册）［M］．北京：中国环境科学出版社，2012：83－107.

［34］杨志，王梦友．绿色经济与生产方式全球性转变——刍议基于"资本·网络·绿色"框架的新经济［J］．经济学家，2010（8）：18－24.

［35］曾凡银．绿色发展：国际经验与中国选择［J］．国外理论动态，2018（8）：85－92.

［36］张春霞．绿色经济发展研究［M］．北京：中国林业出版社，2002：6－19.

［37］张焕波．中国省级绿色经济指标体系［J］．经济研究参考，2013（1）：77－80.

［38］张小刚．绿色经济与城市群可持续发展的理论与实践［M］．湘潭：湘潭大学出版社，2011：13－22.

［39］中共辽宁省委，辽宁省人民政府．中共辽宁省委　辽宁省人民政府关于全面加强生态环境保护坚决打好污染防治攻坚战的实施意见［Z］．辽宁省人民政府网站，2018－08－11.

［40］周宏春．"两山理论"与福建生态文明试验区建设［J］．发展研究，2017（6）：6－12.

［41］朱婧，孙新章，刘学敏，宋敏．中国绿色经济战略研究［J］．中国人口·资源与环境，2012（4）：7－12.

［42］Alexandri E．, Jones P. Temperature Decreases in an Urban Canyon Due to Green Walls and Green Roofs in Diverse Climates［J］. Build Environ，2008（34）：180－193.

［43］Amekudzi Adjo A. Jotin Khisty C．, Meleckidzedeck Khayesi. Using the Sustainability Footprint Model to Assess Development Impacts of Transportation Systems［J］. Transportation Research Part A：Policy and Practice，2009（4）：339－348.

［44］Brett Crowther M. The Green City：Ideal and Necessity［J］. International Journal of Environmental Studies，2011（5）：37－49.

［45］Bridget Gibbons. California Green Innovation Index 2008［R］. NEXT 10，2008.

［46］Dual Citizen Inc. The Global Green Economy Index：A Project Measuring National Green Reputations and Performance［R］. Ethical Markets，2010.

［47］Getter K L, Rowe D B. The Role of Extensive Green Roofs in Sustainable Development [J]. Hortscience, 2006 (4): 276 – 285.

[48] Ghosh. S. , Lee. T. S. Intelligent Transportation Systems: Smart and Green Infrastructure Design [J]. Intelligent Transportation Systems, 2011 (1): 97 – 108.

[49] Gouvea Raul, Kassicieh Sul, Montoya M. R. Using the Quadruple Helix to Design Strategies for the Green Economy [J]. Technological Forecasting and Social Change, 2013 (5): 64 – 71.

[50] Hatzopoulou M. , Miller E. J. Institutional Integration for Sustainable Transportation Policy in Canada [J]. Transport Policy, 2008 (15): 149 – 162.

[51] Kahn M E. Green Cities: Urban Growth and the Environment [M]. Cambridge: Cambridge University Press, 2006: 63 – 79.

[52] Organization for Economic Co – operation and Development (OECD). Towards green growth: Monitoring Progress: OECD Indicator [R]. OECD Publishing, 2011.

[53] Pearce David W. Blueprint for a Green Economy: A Report [M]. London: Earthscan, 1989: 54 – 67.

[54] Register R. Ecocities: Rebuilding Cities in Balance with Nature [M]. Gabriola Island: New Society Publishers, 2006: 98 – 127.

[55] Salim Ruhul A. , Shafiei S. Urbanization and Renewable and Non – renewable Energy Consumption in OECD Countries: An Empirical Analysis [J]. Economic Modelling, 2014 (28): 168 – 177.

[56] Sukhdev Pavan. The Economics of Ecosystems and Biodiversity: Climate Issues Update [J]. Teeb Climate Issues Update, 2011 (6): 153 – 161.

[57] United Nations Environment Programme (UNEP) . Green Jobs: Towards Decent Work in a Sustainable, Low – carbon World [R]. Nairobi Kenya UNEP, 2008.

[58] United Nations Environment Programme (UNEP) . Towards a Green Economy: Pathways to Sustainable Development and Poverty Eradication – A Synthesis for Policymakers [R]. Nairobi Kenya UNEP, 2011.

著作撰写期间的阶段性成果

1. 王佳佳，赵思棋. 供给侧结构性改革下城市绿色经济发展绩效问题研究——基于辽宁省 14 座城市的动态因子分析 [J]. 经济研究导刊，2019（19）.

2. 王佳佳，赵思棋. 供给侧结构性改革下绿色经济发展绩效问题研究——基于辽宁省的多 DEA – Gini 准则模型分析 [J]. 经济研究导刊，2019（22）.

后　记

　　本书是在 2017 年辽宁省社科规划基金重点项目"供给侧结构性改革下辽宁省绿色经济发展的绩效评估与推进机制研究"的研究成果基础上进行补充和修改而完成的,它凝结着多位专家的辛勤指导和家人朋友的关怀帮助!

　　本书的创作从社科规划基金的立项到最终定稿大致经历了两年多时间,首先要由衷地感谢我的老领导王大超教授,他不仅对项目成果的鉴定和本书的修改完善提供了许多建议和帮助,还在百忙之中抽出时间为本书作序,这对我今后的学习和工作都是极大的鼓励!

　　此外,还要感谢为该社科项目进行成果鉴定的相关专家:孟翔飞教授、张献和研究员、刘春芝教授、赵慧娥教授,各位专家在项目成果鉴定时提出了许多中肯宝贵的意见,在理论学习和研究方法上都给予我诸多的指导和帮助!

　　同时,特别感谢父母和朋友对我的理解和鼓励,你们对我的爱和我对你们的爱,构成了我对这个世界最初的想象,你们给予我无微不至的关爱和不遗余力的支持,使我能够克服各种困难,不断战胜自己,超越自己。你们无私的付出,使我倍感幸福和珍惜!

　　感谢所有给予我帮助的人,是你们将我辛勤的学术研究变成了愉快的学习创作。愿你们永远健康快乐!

王佳佳

2020 年 8 月 10 日